Camino
A LA
PROMOCION

Camino
A LA
PROMOCION

Edwin Benitez

Número de Control de la Biblioteca del Congreso de EE. UU.:   2013911035
ISBN: Tapa Dura   978-1-4633-5994-2
                    Tapa Blanda   978-1-4633-5993-5
                    Libro Electrónico   978-1-4633-5995-9

Este libro fue impreso en los Estados Unidos de América.

Fecha de revisión: 19/06/2013

Para realizar pedidos de este libro, contacte con:
Palibrio
1663 Liberty Drive
Suite 200
Bloomington, IN 47403
Gratis desde EE. UU. al 877.407.5847
Gratis desde México al 01.800.288.2243
Gratis desde España al 900.866.949
Desde otro país al +1.812.671.9757
Fax: 01.812.355.1576
ventas@palibrio.com
431250

ÍNDICE

Dedicatoria

Este libro, lleva consigo grandes experiencias y lecciones vividas en mis años de ministerio.

Quiero dedicar este libro a mi amada esposa, la Pastora Zamaris Benítez. Mi amor, quiero que entiendas que, "Muchas mujeres hicieron el bien; Mas tú sobrepasas a todas." Proverbios 31:29.

Doy gracias a Dios por ti y por ser la ayuda idónea que tanto necesito a mi lado. Gracias, por ser una guerrera. Quiero que sepas que has sido mi inspiración para escribir, porque he podido estar a tu lado en cada uno de los procesos que has enfrentado con tu salud y siento gran admiración por ti, porque, aunque muchos te juzgaron y te señalaron tu fe se mantuvo firme. Me has enseñado a comprender que todo obra para bien. Gracias a Dios, por la valentía y fortaleza que imparte cada día a tu vida para enfrentar las situaciones diarias que se presentan.

Estás llena de dones, sabiduría y cualidades, pero tu dedicación y pasión por Dios te llevan a darle lo mejor de ti, eso es una de las tantas cualidades que amo de ti.

Mi amor, no ha sido fácil la trayectoria, pero no cambiaria un segundo de tu compañía y de tu amor por nada. Junto a ti he aprendido a bailar en medio de la tormenta. TE AMO más que el día que prometí ante Dios amarte para toda la vida.

Durante estos diez años de matrimonio y seis años de ministerio has sido mi motivación y mi inspiración. Has sabido curar mis heridas, pero también decirme, "Hay que continuar, no hay tiempo de perder." Gracias por ser la mujer sabia que edifica su casa. Gracias, por ser la mujer de mi vida.

Soy bendecido en tenerte como mi esposa. Dios te diseño para mí y eres muy especial. ¡TE AMO HOY MAÑANA Y SIEMPRE!

Agradecimientos

Doy gracias a Dios Padre, Hijo y Espíritu Santo, por permitirme escribir y publicar esta obra, titulada: <u>Camino a la Promoción</u>. Hoy puedo decir, a ¡Dios Sea La Gloria!

Quiero agradecer a las personas que de una forma u otra, fueron de inspiración y motivación, para que este gran proyecto se llevara a cabo.

Doy gracias a Dios por mis padres, el Apóstol Jacinto Benítez y la Rev. María Benítez, quienes sembraron la semilla de la palabra en mi corazón, de amar a Dios sobre todas las cosas. Papi, gracias por enseñarme que Dios ocupa el primer lugar en nuestros corazones. A nunca dejar que el miedo domine mis decisiones. Tu dicho, que siempre resuena en mi mente "Lo que hay que hacer, hay que hacerlo". Te amo, soy bendecido en tenerte como mi padre. Quiero honrar a mi madre y expresarle cuanto la amo, por ser una mujer fuerte, guerrera y dedicada. Soy bendecido por tener una madre como tú.

A mi hermana y su esposo, los pastores, Grisel y Marcos Hernández, quienes al leer tan solo la introducción de esta obra me dijeron;"Mete mano, termínalo".

A la Iglesia Ministerio Maranatha, que me honro en pastorear junto a mi esposa Zamaris Benítez, gracias por su apoyo y respaldo. Las experiencias que hemos vivido juntos nos han hecho más fuerte.

Doy Gracias a Dios por la Hermana Elba I. Roldan, que con su paciencia y amor, edito este ejemplar. Gracias, por sus palabras de motivación, porque cada vez que leía las páginas de este libro, me recordaba que el mismo había sido de gran bendición a su vida y que iba a bendecir a muchos.

Gracias, a todos los lectores por tomar de su tiempo y leer las experiencias que me han llevado a conectarme con el plan maestro de Dios.

Introducción

El "Camino a la Promoción" nace en mi corazón en un momento donde me di cuenta que había algo mas para mí. Que ser cristiano no es ir a la Iglesia, ofrendar, diezmar, adorar y aunque comprendo que son componentes importantes me di cuenta que Dios requiere más. Que estar presente en los servicios, y aun traer el sermón a la Iglesia no era suficiente para sentirme satisfecho. Nació en mí el deseo de algo más. A través de esa hambre y ese deseo de Dios comprendí que EL tiene un plan divino y estratégico en su mente. Lo más grande de eso es que usted y yo somos personajes muy importantes dentro de ese plan. La biblia dice:

"Si Jehová no edificare la casa, En vano trabajan los que la edifican; Si Jehová no guardare la ciudad, En vano vela la guardia" Salmos 127:1.

A través de esta escritura comprendí que no es ser cristiano sino ocupar mi posición en el reino. Que hay un lugar para mí en la mesa del Rey, y yo quiero llegar a sentarme con Él. ¿Cómo llegamos hasta esa posición? La respuesta es clara, siendo promovidos por Dios. Cuando hablo de la mesa del Rey, no me estoy refiriendo a la prosperidad material, de ser dueño de una mansión terrenal. Si la tienes Gloria a Dios. Me refiero de llegar a ser promovido por Dios para ocupar mi lugar en su plan divino. De ser efectivo y productivo. Es un camino lleno de lecciones y grandes desafío pero con resultados extraordinarios. Pero mucho se han extraviados y no han llegado a la promoción. A través de cada página podrás ver señales que te indicaran si vas por el camino correcto o te has extraviado. Si estas en un momento de tú vida donde ya no te sacias. Lo que ayer te saciaba, hoy te deja con hambre. Llegaste al nivel que solo quieres mas de Dios. Esa es la señal que ya es hora de entrar a otra dimensión. Así que alístate que ya llego tú hora.

Como ministro del Evangelio en estos últimos tiempos reconozco que vivimos grandes desafíos. Un tiempo donde se enseña solo lo que la gente quiere escuchar. Donde no se menciona desde los altares el compromiso y la responsabilidad que requiere la relación con Dios. No podrás tener crecimiento si no despojas de tú vida lo que a Dios no le agrada. En este tiempo Dios está estableciendo un ejército de hombres y mujeres cubiertos por un manto profético de autoridad y poder. Que pongan al descubierto la verdad que hace libre no la mentira que ata. Cuando hablo de lo profético me refiero al cumplimiento de lo establecido por Dios para el presente. De que nos beneficia descifrar el futuro y no saber lo que ha sido determinado para este tiempo. No quiero decir con esto que los tiempos futuros no son importante. Solo quiero despertar en ti que el deseo de saber que tiene Dios para ti hoy. Estamos en medio de un poderoso mover de Dios que llevara a nuestra generación a unas dimensiones extraordinarias. Pero en medio de este poderoso mover de Dios, hay personas estancadas y paralizadas. Personas con un futuro de grandes conquistas pero detenidos en el camino. Han sido estratégicamente posicionados por Dios para un tiempo definido pero se han dejado intimidar por el gigante. Dios ha venido moviendo a muchos a salir de su área de conformismo y posicionándolos frente a un gigante para preparar el escenario de su promoción. Dios ha permitido tú enfrentamiento con el gigante con el único objetivo de promoverte. Cuando Dios te posiciona ante el desafío no es para verte fracasar, sino mas bien para verte triunfar. El "Camino a la Promoción" nace como una motivación para ponerte en posición hacia el palacio. Para que veas el camino que te llevara a tú promoción. En forma sencilla y directa quiero depositar en tú corazón la semilla de la promoción. Que entiendas que Dios tiene cosas grandes para todos. Por medio de este libro despertare en ti el Guerrero que hace tiempo Dios viene llamando. Que la pasión por la conquista comience a quemar en tú corazón. Este es el momento de enfrentar al gigante que te ha venido desafiando al punto de interrumpir tú promoción al palacio. ¿Por cuánto tiempo lleva Dios conduciéndote por el camino de la promoción? Pero el gigante se ha interceptado en tú camino y te ha venido desafiándote al extremo de intimidarte. Las amenazas son de vida o muerte. Te has acobardado ante los grandes retos. Los vientos azotan tú barca y te sientes hundirte. Pero hay algo dentro de ti que te impulsa a tener esperanza y te motiva a mirar más allá del desafío. Hay un fuego dentro de ti que te consume, y te motiva a levantarte. Todos esos temores pueden terminar hoy, si comprendes que tú puedes. Tú no estás solo, el león de la tribu de Judá está contigo, llego tú hora de alumbrar.

"Levántate, resplandece; porque ha venido tú luz, y la gloria de Jehová ha nacido sobre ti" Isaías 60:1

He visto a través de mi experiencia, hombres que han sido ungidos por Dios para llevar a cabo una gran misión, pero en el momento de enfrentar a su gigante han decidido no enfrentarlo. Han puesto más atención a lo que el hombre a dicho que lo que Dios declaro. Entendemos que los desafíos del gigante son de vida o muerte, pero no podemos detenernos. Estas más cerca de lo que crees. No permitas que tú cobardía te limite a una vida de conformismo. No te conformes a tú rutina, hay algo más grande de lo que imaginas. Solo recuerda que necesitas creerle a Dios. Otros se han enfrentado con una actitud incorrecta y han fracasado. El fracaso es el resultado de dejarse guiar por las críticas y las amenazas. Siguen resonando las preguntas en las mentes de muchos ungidos. ¿Podre vencer al gigante? ¿Cómo soy promovido? ¿Sera El tiempo? ¿Seré yo la persona indicada? Jamás olvides que Dios será tú guía, no te dejara. Se lo dijo a Josué al asumir el liderato del pueblo, como estuve con Moisés a si estaré contigo. El "Camino de la promoción", será una guía para que te posiciones en la escena de promoción. A través de estas páginas definiremos nuestro gigante, lo confrontaremos y al vencerlo seremos promovidos por El Rey. Analizáremos nuestras estrategias y nos conectaremos al plan maestro de Dios. Reconoceremos que dentro del plan maestro tú eres una pieza de valor. Pero todo cambiara cuando te llenes de valor y enfrentes al gigante que quiere detenerte. Así que parémonos hoy frente al gigante con autoridad y sin temor que tú destino espera. Comienza a caminar por el "Camino a la promoción".

Prologo

Doy gracias a Dios en este día, por haberme otorgado el privilegio de poder sentarme frente a mi escritorio en mi oficina y leer las páginas de este libro. El mismo a sido escrito por el Reverendo, Edwin Benítez, quien por la gracia de Dios es mi hijo.

A través del estudio de este libro pude ver la inspiración del Espíritu Santo. En cada capítulo y en sus temas pude notar la importancia del mismo. Como pastor, me doy cuenta que la iglesia del Señor necesita leer libros como este, que despierte en el lector una conciencia clara para poder llegar a la meta en el cumplimiento del deber como cristianos.

Dios en su palabra nos manda a estar firmes, pero en momentos nos tambaleamos en este caminar. Gloria a Dios, por los que creemos en la restauración y la practicamos. Este libro es la restauración personificada, pues no solo nos habla de ella, sino también nos enseña como llegar a ella con la ayuda de Dios y sobretodo como podemos convertirnos en restauradores. Para Dios inspirar al hombre a escribir sobre estos temas, este necesita tener una mente y un corazón restaurador.

Espero en el Señor, que este ejemplar, sea de gran ayuda no solo a nosotros los ministros, sino también a todo creyente y me atrevo a decir que también a algún amigo. La restauración es de todos y para todos. Esto va a ayudar a despertar o a descubrir ese guerrero que hay en ti y una vez lo hayas logrado te darás cuenta que tu cualificas, porque en realidad todos calificamos.

Reverendo, Edwin Benítez, gracias por haberse dejado usar por Dios y traer a nuestra memoria que todavía hay esperanza para el hombre caído. Querido lector, tú y yo podemos hacer la diferencia, ayudando a otros a levantarse. Espero en Dios, que si tú lector, eres uno de los que están por tambalearse y quizás peor aún, ya te sientes derrotado, mentiras del diablo tú puedes levantarte; pues acabas de descubrir ese gigante que hay en ti.

Bendiciones,

Rev. Dr., Jacinto Benítez

Capítulo 1

Dios tiene un plan

Es importante no olvidarnos que en medio de toda situación Dios tiene un plan. Que no importa cuán grave sea la situación Dios tiene un plan. Dios no lo toma nada de sorpresa y mucho menos vive en incertidumbre. Un plan es un programa detallado de la realización de un objetivo en conjunto de medios para alcanzar dicho objetivo. La biblia narra la historia del enfrentamiento de Israel con Goliat. El pueblo de Israel enfrentaba un momento de oscuridad. La visión de su líder había sido oscurecida por la falta de obediencia a Dios. La desobediencia afecta nuestro carácter. Dios no se conecta con gente sin carácter. Tú carácter es reflejado a través de tus actitudes. El pueblo entraría a uno de los desafíos más importante en su historia. La libertad de la nación estaba en juego por culpa de un líder en desobediencia. Pero nada toma a Dios por sorpresa, ya había un plan en marcha.

Antes de cualquier ataque e invasión del enemigo Dios pone en marcha su plan divino. Una invasión significa, entrada en un lugar por la fuerza para ocuparlo. Esa es la meta del enemigo meterse en nuestro territorio a la fuerza y ocuparlo. Por eso se mete en tú familia, salud, finanzas, ministerio. Lo hace para ocupar espacio y para tomar posesión de lo que Dios te ha dado. Entendemos que él no puede quitarte nada que él no te ha dado. Nosotros por nuestra desobediencia se lo entregamos. El reconoce que la iglesia está viviendo un tiempo de cumplimiento. Por eso se ha levantado con furia a invadir nuestro territorio. Pero para este tiempo tan importante en la historia de la Iglesia, Dios también ha puesto un plan en marcha. Pero antes de ejecutar su plan maestro, Dios escoge hombres y mujeres que realicen su plan en la tierra. Hombres y mujeres que digan heme aquí. Hombres y mujeres que se entreguen a la misión sin reserva. Hombres y mujeres que sientan la responsabilidad de pelear por la causa de una comunidad y le digan al diablo aquí tú no entras.

Pero hay una escasez de hombre y mujeres que tenga la pasión para hacer la diferencia. En el tiempo del profeta Ezequiel también hubo escasez.

> ***Ezequiel 22:30:*** *Y busqué entre ellos hombre que hiciese vallado y que se pusiese en la brecha delante de mí, a favor de la tierra, para que yo no la destruyese; y no lo hallé.*

Hay muchos que no han podido comprender el tiempo que están viviendo. No han entendido que en medio de este caos oscuro hemos sido llamados alumbrar. Es la Iglesia de este tiempo la responsable en provocar la manifestación de la lluvia tardía, que provocara una mayor cosecha antes del arrebatamiento. Este mover será dirigido por hombres y mujeres que han logrado enfrentar el desafío del gigante. Hombres y mujeres que han tomado su lugar en esta guerra. Que no se han atemorizado si no que han confrontado la adversidad. Si no lo sabía, usted ocupa un papel muy importante dentro del plan divino. Probablemente usted diga yo no estoy en ese grupo. Pero algo lo motivo a leer este libro. Quiere decir en usted también Dios pensó.

Dios ha venido despertando guerreros que se opongan a la ola de oscuridad con la cual Satanás quiere opacar el ejército de Dios. Mientras mucho se acobardaban otros se han conectado a ese plan maestro para provocar que el mundo vea la grandeza de Dios a través de su ejército. Por cada creyente que cierre su boca, Dios levanta a mil que proclamen el evangelio. Nosotros debemos ser un reflejo de Dios. Que el mundo vea a través de nosotros la gloria de Dios. Para que el mundo vea que no todo está perdido todavía hay hombres y mujeres que tienen una palabra de esperanza. Que no le tememos a la adversidad y estamos dispuestos a tomar nuestra posición en esta guerra.

Dios hace consciente a través del profeta Ezequiel que la maldad le había provocado la ira. El pecado había tornado a Israel en una horrenda orgía de violencia, corrupción, toda clase de idolatría, y el nivel moral no existía. Habían manifestado una vida desenfrenada en pecado. Era tan grave la situación que la gloria de Dios había abandonado al pueblo. Los profetas habían endurecido sus corazones. Tanto que Dios mismo dijo que tenían corazón de piedra. Pero antes de ejecutar su ira busco a un hombre que intercediera al favor de la tierra. El profeta empleo dos términos de gran importancia, *"vallado"* y *"brecha"*.

¿Qué significa vallado? Vallado es pared o cerca hecha generalmente de madera que sirve para rodear, señalar o proteger un terreno. Mientras el mundo que nos rodea está siendo infectado con el pecado, tú puedes levantar un vallado de protección. En vez de lamentarnos, levantémonos y manos a la obra. Basta ya de que el gigante haga estragos en nuestra tierra, y nadie haga nada por detenerlo. El fin del gigante que invade tú territorio está en tús manos. Ponle fin a lo que desafía tú casa. Si algo limita los ataques del diablo es un vallado creado por hombres de guerra.

"¿No le has cercado alrededor a él y a su casa y a todo lo que tiene?" Job 1:10

Cuando hay un vallado el diablo no puede penetrar. Nehemías entendió en el peligro que estaba Jerusalén sin murallas de protección y lloro afligido por causa de su tierra. Nehemías sabía que sin murallas Jerusalén estaba indefensa. El enemigo tendría acceso a ella cuando quisiera. El enemigo de las almas sabe que si no se posiciona un hombre o mujer de guerra tendrá acceso a destruir y hacer es cante. Nehemías se quebranto ante este panorama.

*"Y me dijeron: El remanente, los que quedaron de la cautividad, allí en la provincia, están en gran mal y afrenta, y **el muro de Jerusalén derribado**, y sus puertas quemadas a fuego. Cuando oí estas palabras **me senté y lloré, e hice duelo por algunos días**, y ayuné y oré delante del Dios de los cielos." Nehemías 1:3-4*

Nehemías se quebranto pero se posiciono. De que vale que te quebrantes pero no te posiciones para hacer algo al respecto. En esta misma condición se encuentra el mundo, si nosotros la Iglesia no hacemos vallado. Todo el mundo se estremece con lo que acontece en la comunidad, pero nadie hace nada al respecto. Necesitamos hombres y mujeres que no solo lloren, se lamenten y den quejas si no que le digan a Dios heme aquí yo voy. Es importante reconocer que nuestro mundo necesita un vallado. Los fuertes ataques del reino de las tinieblas han provocado brechas. El plan maestro de Dios consiste en que esas brechas sean reparadas. Pero Dios necesita gente de compromiso. Hombres y mujeres no solo de palabras sino de acción.

¿Qué significa brecha? Brecha es rotura o abertura que hace en la muralla o pared la artillería u otro ingenio. Es una abertura que fue creada a consecuencia de algo. Si no te das cuenta que en todos lados que miramos hay brechas necesitas mirar mejor. Hay brechas en las familias, los principios familiares han sido desafiados. Día a día vemos la unión familiar deteriorarse en nuestra comunidad. Padres que no saben qué hacer con sus hijos. La brecha del divorcio sigue aumentando. Las estadísticas dicen que 1 de cada 2 matrimonios fracasa. Hijos creciendo sin padres, creciendo heridos por falta de paternidad. Cuanta juventud prueba las drogas buscando atención. La brecha del suicidio siguen abriéndose. En 2010 (últimos datos disponibles), hubieron 38,364 suicidio reportados. El suicidio es la cuarta causa de muerte en adultos entre las edades de 18 y 65 años en los Estados Unidos. Actualmente, el suicidio es la décima causa de muerte en los Estados Unidos. Una persona muere por suicidio cada 14 minutos en los Estados Unidos. Cada día aproximadamente 105 americanos toman su propia vida. Si no te das cuenta que el gigante está haciendo estragos mira bien. Está invadiendo nuestro territorio y la Iglesias se encuentran como Israel temblando, porque no hay nadie que diga yo enfrento al gigante. Yo corro a la línea de combate.

Hay principios que están siendo desafiados por el gigante, el desafío está causando grietas. El corazón de Dios llora a causa de la maldad. Se escucha un eco, del profeta Ezequiel busco un hombre, *"hombre que haga vallado y que se pare en la brecha delante de mí, a favor de la tierra"*. Dios está buscando hombres que se aflijan en el desorden que nos rodea. Que lloren y actúen por los que se pierden. Que se hagan responsable por lo que suceda. Que no se encuentren como Lot sentado en las puertas de la ciudad como si nada estuviera pasando. Dios quiere poner su plan en marcha pero necesita que tú te actives. Necesita que más corazones se angustien por lo que sus ojos están viendo. Que los guerreros se alisten.

¿Cómo empezamos a levantar el vallado y a cerrar las brechas? Tomando la decisión y haciendo un compromiso de enfrentar a cualquier gigante que se levante en contra de nuestra familia, iglesia, pastores, nuestra propia vida, y decirle hasta hoy llegaste. El mundo busca una alternativa. Una alternativa es la posibilidad de elegir entre opciones diferentes. Pero las alternativas no son seguras. Mientras que otros dicen no pueden haber cambios el caos está muy avanzado. Tengo Buenas

Nuevas, Dios tiene un plan. Dios es la solución a todas estas crisis. Con Cristo venceremos al gigante.

> *"Porque yo sé los pensamientos que tengo acerca de vosotros, dice Jehová, pensamientos de paz, y no de mal, para daros el fin que esperáis." Jeremías 29:11*

Un pensamiento es una palabra no expresada. Todo pensamiento se limita al pensador. Quiere decir que el plan que está en la mente de Dios no es afectado por nuestros límites, al contario es manifestado al nivel de omnipotencia de Dios. Entonces está claro que Dios nunca se bajara al nivel de tú pensamiento, sino que a través de la revelación te elevara al nivel que El piensa. Ya Dios tiene un plan nos toca a nosotros manifestar ese plan en el mundo natural. Ya el plan está listo, el profeta ha llegado con su cuerno lleno de aceite faltas tú. ¿Qué decides te llenas de valor o te acobardas?

> *"Envía por El, porque no nos sentaremos a la mesa hasta que El llegue aquí" 1 Samuel 16:11* Te esperan….

Capítulo 2

Tú cualificas

Está muy claro lo que está sucediendo a nuestro alrededor. No podemos negar que de una forma u otra somos afectados por los ataques del reino de las tinieblas. El enemigo a tomado las cosas en serio y nos está bombardeando. Los principios fundamentales de la Iglesia están siendo estremecidos por los desafíos. Pero entre todo esto ataque, afecta más ver tanto potencial dentro de nuestras Iglesias, pero poca pasión por desarrollar ese potencial. Potencial es poder o fuerza disponible para un fin determinado. Esta situación nos afecta porque somos un cuerpo y si un pie o una mano no funciona como manda, crea una carga para el resto del cuerpo. Como pastor veo tantas personas con una semilla que quiere estallar dentro de ellos, pero muy pocos provocan que la semilla estalle para dar fruto. Da lástima ver como hombres y mujeres con un potencial grande para llevar a cabo los planes de Dios, no sepan valorar lo que Dios le ha delegado. La Iglesia sufre la falta de hombres y mujeres responsables y comprometidas a su llamado y a la causa. Nuestro mundo gime por hombres y mujeres que se paren frente al desafío y hagan guerra al favor de aquellos que se pierden. Nuestro mundo gime por hombres y mujeres que sean ejemplo a esta generación que se está desarrollando. ¡Creo que esperan por ti! Tú eres ese hombre o esa mujer.

También tenemos dentro de las Iglesias un grupo marcados por un pasado duro que han llegado a la conclusión que no cualifican. Cuando hablo de cualificar me refiero a poseer la preparación necesaria para realizar un trabajo, en este caso una misión espiritual. Son descalificados por una adición pasada, divorcio, alcoholismo o simplemente por la edad. Recuerdo cuando salí al ministerio 6 años atrás. Apenas con 24 años de edad y mi esposa de 23 años. Nuestro Apóstol nos informo de una Iglesia que estaba en crisis. Cuando recibimos la noticia les confieso no fue fácil de digerir. Estábamos seguros del llamado pero entendíamos la responsabilidad y el compromiso que requería. Tendríamos que dejar todo lo que conocíamos para mudarnos a otro lugar desconocido, y pastorear un pueblo en crisis. Me estremecí, llegaron miles de pensamientos negativos a mi mente. Llegue a pensar no cualifico, no soy la persona correcta para esta misión. Le dije al Señor como Jeremías soy un niño. Pero algo comenzó a despertar en mí espíritu. Mi esposa y yo comenzamos a sentir por la Iglesia sin aun haber llegado. Dios sabia que estábamos dispuestos a dejarlo todo trabajo, casa, familia, todo por El. Comenzamos a morir a nosotros para vivir para Dios. Dios quiere hombres que quebranten su propia voluntad para aceptar y obedecer la voluntad de Dios. Recuerda que para una semilla dar fruto tiene que morir primero. Cuando llegamos fuimos rechazados por la edad. Al principio muchos ancianos me ignoraban al hablar porque no tenía edad para enseñarles nada. Otros se fueron buscando pastores mayores que dieran el grado que ellos requerían. Pero nuestra persistencia rompió las barreras, porque Dios me había posicionado y nosotros cualificábamos. ¡Aleluya!

El ser humano tiene su propia guía para seleccionar hombres que cualifican. Aun los hombres de Dios cometen el error de dejarse ir por la apariencia. Podemos definir la palabra apariencia como características o aspecto exterior de algo o alguien. Quiere decir que una apariencia simplemente refleja algo en lo exterior sin ser sinceramente lo que somos adentro. Es un tipo de hipocresía. Jesús se lo recalcaba a los fariseos, porque lavaban el vaso por fuera pero, ¿por dentro qué? Vemos este tipo de comportamientos en aquellos que son arropados por el legalismo. Quienes pretenden alcanzar ciertas posiciones por su manera de vestir o peinarse. Creen que con apariencia exterior alcanzaran el favor de Dios. Como si Dios se engaña con apariencia. Descalificando aquellos que no piensan igual que ellos. Está claro que no es la elocuencia ni mucho menos tú filosofía, o en que universidad estudiaste lo que te va a posicionar. El cantante Alex Zurdo dice, en unas de sus canciones que cuando este delante de Dios, la pregunta no va hacer cual fue tú manera de peinarte sino cuantas almas te ganaste para el reino. Toma unos minutos y borra de tú mente lo que un hombre te haya podido decir. Olvídate de lo negativo que alguien sin discernimiento te haya dicho. Si Dios te llamo tú Cualificas.

El Profeta Samuel fue enviado por Dios a casa de Isaí, para ungir al próximo rey de Israel. Parece que al profeta se le olvido que Dios ya tenía un plan en marcha. El profeta comienza a mirar los hijos mayores de Isaí, quedo perplejo ante la apariencia de ellos. Rápidamente iba a ungir a Eliab por lo que sus ojos materiales estaban viendo. Se dejo dirigir por la apariencia y no por El Espíritu Santo. Error que muchos comenten juzgan por la apariencia y no por la guianza del Espíritu. Pero Jehová le detuvo diciendole:

> *"No mires a su parecer, ni a lo grande de su estatura, porque yo lo desecho; porque Jehová no mira lo que mira el hombre; pues el hombre mira lo que está delante de sus ojos, pero Jehová mira el corazón. 1 Samuel 16:7"*

Probablemente tú apariencia externa ante el hombre te descalifique. Pero si el hombre no te puede llamar tampoco te puede descalificar, ¡Gloria A Dios por eso!. Podrán venir muchos profetas con el cuerno lleno de aceite a tratar de ungir a otro que probablemente tiene mejor apariencia que tú. Su pasado no es tan oscuro como el tuyo. Pero recuerda que la única palabra que tiene peso es la de Dios. Dios moverá lo que tenga que mover para posicionarte. Si predicamos restauración vamos a restaurar y no a herir. Muchos líderes han olvidado que nosotros no somos los que originamos El plan. Simplemente somos los agentes que llevamos a cabo el plan divino. Si olvidamos ese principio terminaremos posicionando las personas incorrectas. Recuerda que el plan es de Dios el escoge.

Como líder tengo la obligación de mirar a mis ovejas y pedirle a Dios que me revele quien ha sido ungido para una misión. No puedo dejarme ir por la apariencia, por que el refrán no está demás "No todo lo que brilla es oro". Tú pasado podrá ser uno de sufrimiento, adiciones a drogas, pornografía etc. Pero hay un principio importante y es, que no importa de dónde has venido, lo que importa es a dónde vas. Así que no te dejes pisotear por tú pasado al contario, dale Gloria y Honra a Dios por te escogió a ti. Si Dios te escogió tú cualificas.

> *"El levanta del polvo al pobre, y al menesteroso alza del muladar, para hacerlos sentar con los príncipes, con los príncipes de su pueblo." Salmo 113:7, 8*

Hay tantos hombres parados en los altares con tantas exigencias personales, parece que se le olvido que ellos también necesitaron que alguien mirara más allá sus defectos. Que creyeran que Dios terminaría la obra que había comenzado en ellos. Todos necesitábamos un empuje a la transformación para llegar donde estamos y aun es necesario vivir en una transformación continua. No podemos calificar o descalificara alguien por lo que refleja, Dios mira el corazón y el si qué sabe si hay sinceridad o hipocresía.

El Apóstol Pablo en su segunda carta a los corintios les hace consiente que no necesitamos buscar la aprobación del hombre. Cuando hablo de aprobación de hombre no es con el motivo de que no obedezcas a tú líder, y mucho menos que salgas sin su bendición. Como pastor entiendo que ser hijo de la casa envuelve obediencia al padre. Hablo de que tú enfoque sea el reconocimiento de alguien al extremo de obsesionarte. Si Dios te llamo busca el reconocimiento de Dios el hombre no le quedara otra que por tus frutos reconocer que eres un escogido. Siempre y cuando des fruto de lo que eres. Por eso el Apóstol Pablo dice:

"¿Comenzamos otra vez a recomendarnos a nosotros mismos? ¿O tenemos necesidad, como algunos, de cartas de recomendación para vosotros, o de recomendación de vosotros? Nuestras cartas sois vosotros, escritas en nuestros corazones, conocidas y leídas por todos los hombres; siendo manifiesto que sois carta de Cristo expedida por nosotros, escrita no con tinta, sino con el Espíritu del Dios vivo; no en tablas de piedra, sino en tablas de carne del corazón" 2 Corintios 3:1-3

Cuando recomendamos a una persona damos una buena referencia para que esa persona alumbre y su reputación deje una buena impresión. Hay tantos hombres que sienten la necesidad de recomendarse ellos mismo para ser aceptados por el hombre. Al extremo de frustrarse si no reciben el reconocimiento que esperan. Anhelar que su pastor le dé luz verde no tiene nada de malo siempre y cuando tú prioridad sea Dios. Tú carta de recomendación eres tú mismo. No dañes con tus acciones los que construyes con tú boca. Lo que nos cuesta años construir lo derribamos en un segundo. Salomón lo expresa así:

"Las moscas muertas hacen heder y dar mal olor al perfume del perfumista; así una pequeña locura, al que es estimado como sabio y honorable" Eclesiastés 10:1

Son esas pequeñas locuras las que a veces nos desenfocan. Recuerda la opinión de tú enemigo no tiene importancia. Lo que los paparazzi digan que eres no es lo importante es lo que tú reflejas que determinara quien eres. Tú actitud reflejara tú carácter. *Tenemos que manifestar el carácter de Dios. "siendo manifiesto que sois carta de Cristo expedida por nosotros"* La palabra expedida viene de expedir que se define hacer un documento legal. Dios te escoge, pero con tú carácter y actitud tú haces legal en ti ese llamado. El 80 por ciento de los fracasos no son por incapacidad, sino por falta de carácter. Por eso hay tantos llamado por Dios para llevar a cabo su plan pero pierden el tiempo dejándose dominar por las críticas, los temores de fracasar, las moscas muertas y las pequeñas locuras. Olvidando que hay un mundo que espera por ti. No mires tus defectos, ni tus incapacidades, Dios conocía todos tus defectos antes de escogerte. Un día le pregunte a Dios porque si somos tan imperfecto porque sigue intentando. Por medio de un predicador me dijo *"Porque cuando Dios nos mira, solo se enfoca en la obra terminada".*

"no que seamos competentes por nosotros mismos para pensar algo como de nosotros mismos, sino que nuestra competencia proviene de Dios, el cual asimismo nos hizo ministros competentes de un nuevo pacto, no de la letra, sino del espíritu; porque la letra mata, mas el espíritu vivifica. 2 Corintio 3:5-6"

Así que no dejes que nadie te diga que no eres la persona adecuada. Ni trates de demostrar como si estuvieras compitiendo. Dios mismo te escogió y El te hace competente para esta misión. El enemigo tratara de invadir tú mente con pensamientos negativos, recordándote quien eras. Pero hoy eres una nueva criatura. El hombre te mirara como lo que eras pero Dios te mira como lo que serás. Grábalo en tú mente y repítelo conmigo, YO CUALIFICO…

Capítulo 3

Tus 40

Ya hemos explicado que Dios tiene un plan. Ya Dios tiene un plan detallado. Pero también comprendemos que el enemigo ha desatado un ejército de gigantes en nuestro contra. Hay un caos en el mundo creado por ese ejército de gigante que quiere ver con sus ojos la caída del pueblo de Dios. Pero Dios está preparando un ejército que ya esta saboreando el dulce sabor de la victoria. Sabe el sabor de la victoria es mucho mejor que el del fracaso. El quiere reclutarte hoy, recuerda que tú cualificas. Mi anhelo es que con todo lo que has leído ese guerrero que has sepultado por las experiencias que han marcado tú vida ya esté a punto de salir. Deja que la adrenalina del Espíritu Santo comience a provocar una revolución en tú espíritu y comiences a decir HEME AQUI.

Antes que cada soldado salga a la guerra tiene que pasar por un período de transición. Este período es mejor conocido como los cuarentas, la noche o el desierto. En este capítulo estaremos hablando de los cuarentas. No te estoy hablando de edad, te hablo de un período de entrenamiento. Un tiempo de transición que transforma tú mentalidad, y te convierte en un guerrero. Muchos guerreros han fracasado porque han salido a la guerra sin una preparación. El peor error es creerte autosuficiente para enfrentar el gigante. La autosuficiencia saca a Dios del trono de tú corazón, y por consecuencia te lleva a la derrota.

En la Biblia se emplea este número cuarenta, aproximadamente 102 veces, simbolizando un período de cambios. En el libro del Génesis se narra cuarenta días y cuarenta noches de lluvia. Isaac, tenía cuenta años cuando tomó por esposa a Rebeca y otros cuarenta también tenía Esaú, cuando tomó por esposas a Judit y a Basmat. Moisés permaneció cuarenta días en lo alto del Monte del Sinaí. Cuarenta días, permaneció el profeta Elías en el desierto del Sinaí huyendo de la reina Jezabel. El profeta Jonás predice la destrucción de Nínive en cuarenta días. Nuestro Señor ayunó cuarenta días en el desierto. Simbólicamente el número cuarenta representa la idea de cambio o del paso de un tiempo a otro. En el diluvio la generación cambia. Con los matrimonios de Isaac y Esaú, se comienza una nueva generación. Los cuarenta días de Moisés y de Elías en lo alto del monte, representa su cambio espiritual, Dios se le revelo en diferentes facetas. Los cuarenta años del pueblo de Israel en el desierto fue un tiempo de transformación. A Nínive se le dan cuarenta días para que cambie. Los cuarenta días de Jesús en el desierto lo preparan para el comienzo de su ministerio.

Cada persona que es escogida para una misión pasa sus cuarentas con el único objetivo de llevarte a una promoción. Es un tiempo de cambios. Entienda que cuando uso el numero cuarenta me refiero a un tiempo indefinido. El único que conoce el tiempo es Dios. En ese tiempo recibimos un entrenamiento directamente de Dios para poder asumir la responsabilidad de luchar contra todo lo que nos amenaza.

Antes de que David pudiera enfrentar al gigante que abriría paso a su promoción necesito un entrenamiento. Entrenamiento es una preparación física que permite al individuo conseguir el máximo rendimiento en la competencia. El peor error de muchos ha sido salir a la guerra sin pasar un tiempo de entrenamiento. El conocimiento es muy importante pero sin la práctica o aplicación es solo información. Mientras la familia de David se estaba posicionando por su apariencia, David se encontraba a solas con Dios. Que hermosos son eso momentos a solas con Dios. Es en esos momentos a solas con Dios es que se forma nuestro carácter. En el momento de ungir a un nuevo rey, todos se olvidaron de él. Pero Dios tenía todo bajo control. Dios nunca se olvidara de ti. Fue en ese entrenamiento que David aprendió a enfrentar animales feroces que venían a destrozar a las ovejas. Dios no promociona a nadie que pase tiempo a solas con El. Jesús es un ejemplo, se retiraba a solas para hablar con el Padre. No puedes esperar alumbrar en público si primero no alumbras en la intimidad con Dios. En otras palabras no podemos manifestar en público lo que no hemos experimentado en lo secreto. Muchos quieren promoción de la noche a la mañana. Sin comprender que el camino a la promoción es uno de lágrimas, esfuerzo, compromiso, dedicación y sobretodo persistencia. Pero al finar somos promovidos por Dios.

Por eso Dios llevo a Moisés al desierto para entrenarlo y que El viera con sus ojos el Poder de Dios. Moisés no hubiera podido enfrentar a Faraón sin antes entrar en un entrenamiento intenso en la intimidad con Dios. Fueron 40 años en el desierto y fue allí donde vio la zarza que ardía. Cuando los magos de Faraón convirtieron las varas en culebras Moisés no se impresiono porque ya Dios se lo había mostrado.

La pregunta de muchos es; ¿Cuando se que estoy listo para salir a la guerra? ¿Cómo se que llegue al fin de mis 40? Se miran en un espejo y miran que se ven bien con una corbata, y con la apariencia de ministro creen que pueden enfrentar al gigante. Se aprenden par de textos bíblicos de memoria y ya son teólogos. Se memorizan dos o tres palabras de domingo ya tienen elocuencia. Pero le falta estabilidad y carácter. Moisés entendió que la misión que le tocaba enfrentar no era nada fácil. Aunque mi deseo es que te motives a enfrentar el gigante, necesitas saber que la misión no es fácil. Muchos han caído en el intento. Moisés se dio cuenta que como único iba a lograr la victoria era con Dios a su lado. Moisés se había convencido que si Dios no era su guía, era inútil tratar de cumplir con la misión. Cuando él habló cara a cara con el Señor, el dijo,

"Si tú presencia no va con nosotros, no nos hagas partir de aquí." Éxodos 33:1

Él estaba diciendo, Señor, si tú presencia no está conmigo, entonces no iré a ninguna parte. No daré un solo paso si no estoy seguro que estás conmigo. El momento clave que determinara el resultado es cuando reconozcas que pase lo que pase necesitamos a Dios. La autosuficiencia ha llevado a muchos a la derrota. Cada ministro de este evangelio tiene que saber que no importa el tiempo de experiencia que tienen, ni los años de estudio que tienen necesitamos depender solo y exclusivamente de Dios.

"No con ejército, ni con fuerza, sino con mi Espíritu" Zacarías 4:6

El propósito de tus 40 es para que aprendas a tener intimidad con Dios. Intimidad es una amistad muy estrecha. Esa intimidad te llevara a una relación con Dios. En ese entrenamiento aprendemos a romper yugos, maldiciones generacionales y soltar el espíritu religioso. No es un período fácil, es el período donde cosas y personas son arrancadas de nuestra vida. A veces lo que más queremos Dios lo tiene que mover. Porque tú enlace con ellos te hace daño. Es un proceso donde nuestra mente y voluntad son quebrantadas, hasta el punto que rindamos nuestra voluntad para llevar a cabo la de Dios. No pasaras de una dimensión a otra sin antes pasar tus cuarentas. Es importante que aguantes la presión de ese tiempo, saldrás hecho todo un campeón. Así que si no te has registrado en el entrenamiento de Dios, regístrate, jamás serás el mismo. Empezaras a ver las cosas desde la perspectiva de Dios. Apúntate hoy que tú destino espera.

Capítulo 4

La Noche

Ya que hemos hablado acerca del período entrenamiento, es vital comprender que no podemos conquistar a Canaán con mentalidad de esclavo. Ese período de los cuarenta nos lleva al punto de transición. Los Israelitas habían salido de Egipto con ganas de tomar su herencia. Pero dentro de ellos quedaban marcas de esclavo. Saliendo del territorio de Egipto se enfrentan al mar Rojo. Pero no simplemente eso parece que pusieron sus oídos en el suelo y pudieron sentir la vibración que provocaba los caballos del ejército egipcio a millas de distancia. Recuerdo cuando esperaba el tren en mi juventud para ir al trabajo podía sentir la vibración cuando se acercaba el tren, ¡Qué emoción! Pero en este panorama no creo que esa fue la reacción. Estaban entre la espada y la pared. No es un lugar muy cómodo. Rápidamente comenzaron a murmurar y en su murmuración anhelaron volver a su vida de esclavo. Hay tantas personas que quieren ser promovido pero en la primera oposición anhelan volver a la esclavitud. Pero hablaremos más del conformismo en los siguientes capítulos. Moisés como todo un siervo de Dios clama a Dios. Pero la contesta de Dios fue clara y directa.

> *"Entonces Jehová dijo a Moisés: ¿Por qué clamas a mí? Di a los hijos de Israel que marchen. Y tú alza tú vara, y extiende tú mano sobre el mar, y divídelo, y entren los hijos de Israel por en medio del mar, en seco. Éxodo 14:15-16*

Moisés no comprendió que ya había un decreto de libertad sobre el pueblo y que un ejército de egipcios no iba a cambiar eso. Lo que Dios ha decretado sobre tú vida no lo cambia una crítica, acusación, un enemigo, nada puede cambiar el decreto del Rey. Todo lo que Dios te ha dicho que va hacer ningún gigante lo va a detener. Si fueranos a dejarnos ir por la crítica o las acusaciones ya hace rato que hubiéramos enganchado los guantes. Ahora he oído muchos sermones donde relatan que el milagro fue algo instantáneo. Hablan de un de repente, pero eso no es lo que la biblia habla. Éxodo 14:21 relata

"Y extendió Moisés su mano sobre el mar, e hizo Jehová que el mar se retirase por recio viento oriental toda aquella noche; y volvió el mar en seco, y las aguas quedaron divididas." RV1960

"Moisés, por su parte, extendió su brazo sobre el mar y Dios hizo que un fuerte viento soplara durante toda la noche. El viento partió el mar en dos, y en medio dejó un camino de tierra seca." TLA

El viento oriental soplo toda aquella noche. En este capítulo quiero hablar un poco sobre la noche. La noche es el tiempo oscuro. Es el tiempo donde muchos sienten inseguridad por la oscuridad. Es el tiempo que todos se aseguran que sus carros y casa este bien asegurados. Se prenden las cámaras de seguridad. Es en la noche donde el carácter es formado. Imagínese a los israelitas parados frentes al Mar Rojo de noche y pendientes a los Egipcios esperando un milagro. El período de noche u oscuridad ha sido el tiempo de los fracasos de muchos. Se han desesperados. El desespero nos lleva a tomar decisiones que mas luego nos arrepentimos. Pregúnteles a las personas que por una ligereza hoy están detrás de unas rejas en la cárcel. Dios nos dijo que nos iba a llevar a Canaán, pero no podemos ignorar el período de transición. No puedes ser promovido con una mentalidad limitada por el pasado que has vivido. La noche cambia tú manera de pensar. Por eso Jesús hablo claro que no podíamos depositar vino nuevo en odres viejos. Tiene que haber un cambio de mentalidad para que podamos ser promovidos. Si no estás viendo resultados cambia de estrategia, pero para cambiar de estrategia tienes que cambiar de mentalidad. Me da lástima por las personas que pretenden ver un cambio en su ministerio sin cambiar sus estrategias. Lo que no da resultado tiene que ser mejorado o cambiado. Pero tiene que haber cambios. Si David hubiera enfrentado al gigante pensando en lo que sus hermanos decían de Él, no hubiera tenido éxito. Su propio hermano juzgo sus intenciones por estar allí. Van haber gente que te juzgaran, pero tú no te desenfoques. Habrá gente que no tienen el valor que tú tienes y te criticaran para sentirse bien. Otros no comprenderán el plan de Dios para tú vida y trataran de detenerte. Su entrenamiento lo llevo a una transición. Sé que la palabra cambio estremece a los que tienen una mente limitada. La palabra cambios confronta las estructuras inefectivas y tradicionales. Cuando la tradición es más importante que la revelación, hay problemas. Pero es necesario entender que para conquistar tú futuro tienes que desprenderte de tú pasado.

Todos esos enemigos que durante el período de oscuridad te juzgan esperan tú caída para celebrar, serán la audiencia en el día de tú promoción. El Mar Rojo se divide y los propios egipcios, los enemigos fueron la audiencia de la promoción. No pongas atención a tus enemigos entre mas hay más audiencia va haber en el día de tú promoción. David vence al gigante y los que lo tuvieron en nada estuvieron sentados en primera fila viendo su promoción. El salmista David pone en palabras claras:

> "Aderezas mesa delante de mí en presencia de mis angustiadores; Unges mi cabeza con aceite; mi copa está rebosando."
> Salmos 23:5

Primero no servía, y después su nombre fue incluido en cantico de victoria, "Saúl mato a sus miles y David a sus diez miles". Mientras observaba la noche oscura un sábado en un momento fuerte en mi ministerio. Mi esposa y yo estábamos siendo difamados, fue un ataque terrorista a nivel espiritual. Dios estaba moldeando nuestro carácter. Fue una noche muy larga. Fue tan fuerte el ataque que lloramos, nos desbalanceamos. Honestamente creí no superar el golpe. Los que comían en la mesa con nosotros se rebelaron. Se aprovecharon de la oscuridad para atacar. Me senté a observar la noche oscura frente a mi casa, tratando de despejar la mente. El Espíritu me dirigió a mirar el reloj. Me di cuenta que eran las 12:01 am. No comprendía exactamente lo que quería decirme, pero me di cuenta que un nuevo día había comenzado pero todavía estaba oscuro. En ese momento me di cuenta que todo nuevo día comienza con oscuridad. Que la oscuridad no puede detener el comienzo de un nuevo tiempo. Es un principio vital para todos los que anhelan entrar en otra dimensión. Que no importa lo oscuro que este la noche no podrá detener tú promoción. Que aunque muchos se enfoquen en lo oscuro, tú enfócate que el nuevo día ha comenzado. Cuando estamos en oscuridad por mucho tiempo y salimos al sol, los ojos se nos cierran por la luz. Sabes que quiero declarar sobre ti querido lector que cuando salgas de tú noche el enemigo que se acostumbro a mirarte en oscuridad tendrá que cerrar los ojos, porque no soportara el amanecer en tú vida. Cada vez que pases por un momento oscuro en tú vida recuerda que es la manera de Dios decirte un nuevo día, una nueva dimensión, una nueva temporada. Así que aprovecha tú noche, celébrala porque no dura para siempre cada noche es seguida con un nuevo amanecer.

David al llegar al campamento se dio cuenta que había un ejército en oscuridad. Bajo un desafió de muerte, pero David dijo, mi noche será seguida por un amanecer y yo veré mi promoción. No dejes que la oscuridad en tú ministerio, familia, finanzas, salud te intimiden estas más cerca de tú promoción de lo que crees. La estatura de tú desafió no es lo importante, es que dentro del plan de Dios tú eres un campeón. Repítelo conmigo, ¡Yo soy un CAMPEON!

Capítulo 5

El desierto

En este capítulo hablaremos del famoso desierto. Al mencionar el desierto es vital entender que hablamos de un lugar a nivel espiritual. El desierto es una región extensa y seca de escaza población y vegetación debido a la escases de agua. El desierto es otra tipología del proceso de transición. Hay que comprender que somos llevados por voluntad de Dios al desierto. Muchos culpan al enemigo por el desierto pero en realidad somos llevados por el mismo Dios. Tenemos el ejemplo de Jesús:

> *"Luego Jesús fue llevado por el Espíritu al desierto, para ser tentado por el diablo" Mateo 4:1 (RVC)*

El peor error de todo campeón es creer que el desierto es una estrategia del diablo. Creer que un lugar de descenso. Dios nos lleva al desierto como parte de su plan maestro. Cuando Dios por medio de sus siervos nos revela su plan para nuestras vidas, lo natural es que nos llenemos de emociones. Celebramos el decreto de Rey. Pero se nos olvida que dentro de ese plan está incluido el desierto. El Rey Salomón nos dice que Dios ya tiene el resultado perfecto en su mente, lo decreto desde la eternidad. Claro siempre y cuando pases el proceso de transición.

> *"Todo lo hizo hermoso en su tiempo; y ha puesto eternidad en el corazón de ellos, sin que alcance el hombre a entender la obra que ha hecho Dios desde el principio hasta el fin." Eclesiastés 3:11*

Dios en nuestro principio nos habla del final o el resultado. Te dice que te va a elevar a las alturas, cuando aun estas en el pozo. Que te llevara a las naciones, cuando apenas no has salido de la ciudad en que vives. Pero deja fuera un detalle muy importante, no especifica el tiempo que durara el proceso. Por eso vemos ministros en unos niveles de poder y autoridad, y anhelamos su unción. Pero no estamos dispuestos a pasar por el desierto. Ellos disfrutan su promoción porque se atrevieron a matar a Goliat. Hasta que no mates a tú Goliat no veras promoción. Hay muchos con la incógnita, buscando el porqué del desierto. Porque se levantan tantos en mi contra. Porque he pasado necesidad, si yo soy un ungido. Acuérdate que David siendo ungido tuvo que huir de Saúl. Pero David no cuestiono el desierto sino que lo aprovecho. Estuvo que esconderse en la cueva de Adulan:

> *"Yéndose luego David de allí, huyó a la cueva de Adulam; y cuando sus hermanos y toda la casa de su padre lo supieron, vivieron allí a él. Y se juntaron con él todos los afligidos, y todo el que estaba endeudado, y todos los que se hallaban en amargura de espíritu, y fue hecho jefe de ellos; y tuvo consigo como cuatrocientos hombres." 1 Samuel 22:1,2*

El ungido para ser el próximo Rey de Israel encerrado en una cueva. Pero David lo acepto y solo se mantuvo enfocado. Adulam significa lugar cerrado o lugar de Justicia. En esa cueva cerrada Dios hizo justicia con David y de esa cueva salieron los valientes de David.

La respuesta al porque de tú desierto se encuentra en el libro de Deuteronomio.

> *"Y te acordarás de todo el camino por donde te ha traído Jehová tú Dios estos cuarenta años en el desierto, para afligirte, para probarte, para saber lo que había en tú corazón, si habías de guardar o no sus mandamientos."*

Deuteronomio 8:2

Moisés estaba haciendo un resumen de todo lo experimentado en el desierto. Le recordaba al pueblo las maravillas que habían visto en el desierto. A través de su discurso aclaro con una explicación clara y directa los motivos del desierto. Numerando las razones:

1. Para Afligirte
2. Para probarte
3. Para saber que había en tú corazón
4. Para ver si guardarías sus mandamientos

El primer motivo es para afligirnos. La biblia en el Ingles usa la palabra "humble thee". Se refiere a humillar, reducir. El desierto es usado para hacer morir el Ego. Dios no le agrada personas prepotentes, orgullosas que se creen autosuficientes para lograr algo. A través del desierto aprendemos que sin Dios no podremos lograr nada, y que si no hemos caído es porque su gracia nos ha sostenido. Dios no nos aflige sin razón.

> *"Antes si aflige, también se compadece según la multitud de sus misericordias; Porque no aflige ni entristece voluntariamente a los hijos de los hombres" Lamentaciones 3:32-33*

Dios usa la aflicción en nuestras vidas por varias razones: llamar a través de la situación nuestra atención, moldea nuestro carácter, aprendemos a depender solo de Él. Pero no olvides que toda aflicción no es permanente son solo temporaria para empujarte hacia tú destino. Puede ser que hoy estés pasando por una aflicción y crees que todo ha terminado, mentira apenas Dios comienza. El Apóstol Pablo lo entendió, que esas tribulaciones solo provocaran un peso de gloria mayor. Quieres el peso de Gloria, necesitas pasar por la tribulación.

> *"Porque esta leve tribulación momentánea produce en nosotros un cada vez más excelente y eterno peso de gloria" 2 Corintios 4:17*

El segundo motivo es para probarte. Un tipo de examen. La palabra probar viene del griego que significa sacar algo bueno de ti. Entonces entiende que el desierto sacara el mejor adorador, el mejor guerreo que hay en ti.

> *"Mas él conoce mi camino; Me probará, y saldré como oro."*
> *Job 23:10*

Entre mas fuego recibe el oro más se purifica. Vemos en los tres jóvenes hebreos que fueron lanzados al horno de fuego. Fueron probados, su fe fue puesta a prueba. Una fe que no ha sido probada no sirve. Los jóvenes podían escoger por sus vidas pero escogieron a Dios. Sabían que Dios era su vida. No negociaron con el enemigo. Si estas pasando por el horno de fuego, recuerda que aun ahí Dios se mete contigo. El fuego saco de ellos lo mejor. Saliendo del horno fueron promocionados en el reino. Su fidelidad llevo a una nación a reconocer la grandeza de Dios. No esperes promoción sin permitirle a Dios que saque lo mejor de ti.

El tercer motivo es para saber que hay en tú corazón. En el desierto conocemos el verdadero yo. Donde no hay mucho aplauso. No hay mucho reconocimiento. Tampoco hay muchas palmadas en el hombro. Es entonces donde el corazón es probado.

"pues tú eres un Dios justo que examina el corazón y la mente"
Salmos 7: 9

Estaremos haciendo un análisis más detallado en el próximo capítulo acerca de los pesos que hay que despojarnos. Pero es muy importante saber que Dios examina los corazones. Pero es en el corazón donde se sientan nuestras emociones, nuestra voluntad y pensamientos. La biblia nos da consejos acerca del corazón:

"Sobre toda cosa guardada, guarda tú corazón; Porque de él mana la vida" *Proverbios 4:23*

Todos guardamos cosas de valor o por recuerdo. Mi esposa guarda todo en álbum. Tiene retratos y postales de todo. Llevamos casi 10 años de casado y todavía guarda las cartas y postales que le di cuando aun éranos novios. El corazón funciona como un álbum; Ay, guardamos las cosas de valor o simplemente recuerdos malos o buenos. Es en corazón donde vive el amor, la humildad, la paciencia pero también puede vivir la envidia, la codicia, la mentira. La biblia dice:

"Porque de la abundancia del corazón habla la boca"
Mateo 12:34

La biblia nos manda a cuidarnos del corazón:

"Engañoso es el corazón más que todas las cosas, y perverso; ¿quién lo conocerá?" *Jeremías 17:9*

Dios examina el corazón para sacar a la luz lo que está escondido en el corazón. Por eso a través del profeta Joel les recordó que el mira mas allá de la apariencia.

"Rasgad vuestro corazón, y no vuestros vestidos" Joel 2:13

El último motivo fue para ver si guardamos sus mandamientos. Cuando las cosas están de maravillas es muy fácil ser obedientes, pero cuando están al revés que hacemos. El verdadero guerrero cumple las órdenes del capitán aunque parezcan difíciles. Cuando hablamos de mandamientos hablamos de sus deseos. El salmista entendió la bendición que provoca guardar los mandamientos de Dios:

*"Bienaventurado el hombre que teme a Jehová, Y en sus **mandamientos** se deleita en gran manera" Salmo 112:1*

*"Y andaré en libertad, Porque busqué tus **mandamientos**" Salmos 119:45*

*"Estas bendiciones tuve Porque guardé tus **mandamientos**" Salmos 119:56*

No podemos olvidar que el guardar sus mandamientos y rendirnos a su voluntad traerá bendición a nuestra vida. Dios no te ha llevado a tú desierto para que mueras. Lo que no te hace daño te hace más fuerte. Dios ya ha provisto la provisión de tú necesidad. Por lo tanto ha hecho promesas para los que permanecen hasta el tiempo determinado de Dios para salir.

"Y te afligió, y te hizo tener hambre, y te sustentó con maná, comida que no conocías tú, ni tus padres la habían conocido, para hacerte saber que no sólo de pan vivirá el hombre, mas de todo lo que sale de la boca de Jehová vivirá el hombre. Tú vestido nunca se envejeció sobre ti, ni el pie se te ha hinchado en estos cuarenta años." Deuteronomio 8:3

Dios expresa que los afligió para provocar una experiencia única. El mana era su alimento que sus padres no conocían. Jesús dijo, Yo soy el pan de vida. Entonces entiende que en el desierto disfrutaras de experiencias que otros nunca han imaginado. Dios prepara un escenario donde el pueda revelarse a sí mismo. Entonces es en el desierto donde recibimos la revelación. Si estas siendo procesado, recuerda que la uva tiene que ser pisoteada para que salga el jugo. El pan tiene que entrar al horno para que crezca.

No hay porque temer en medio del desierto ya Dios tiene su plan en marcha. Antes que la necesidad llegue ya la provisión esta. Ya no te preguntes más el porqué de tú desierto, ahora solo marcha que estas más cerca de lo que crees. Dios no se a olvidado. Recuerda eres un ¡CAMPEON!

"Jehová cumplirá su propósito en ti" Salmos 138:8

Capítulo 6

Suelta las cargas

Unos de los puntos tratados en el capítulo anterior fue acerca del corazón. Entendemos claro que cuando la biblia se refiere al corazón no habla del corazón físico. Que su oficio es bombear sangre a todo el cuerpo. Cuando la Biblia habla del corazón humano, está hablando del pensamiento de un hombre, la voluntad del hombre, las emociones de un hombre o sentimientos, conciencia de un hombre o cualquier dado combinaciones de estos.

La Biblia tiene mucho que decir sobre el corazón del hombre. La palabra "corazón" aparece aproximadamente 835 veces en las escrituras. El estudio del corazón del hombre es, por tanto, un tema y quisiera añadir desde el punto de vista humano muy interesante. Dios conoce todo de nuestros corazones.

> *"porque sólo tú conoces el corazón de todos los hijos de los hombres." I Reyes 8:39 RV*

Dios está muy interesado en nuestro corazón. Por eso prueba la integridad del mismo. Dejamos claro en el capítulo anterior que de la abundancia del corazón habla la boca. Entonces si en un corazón hay abundancia de falsedad no habrá integridad. Si hay mentira, no hablara verdad. Si hay odio no puede dar amor. A veces nos preguntamos porque fulano me traiciono, la respuesta es que no puede manifestar integridad si en su corazón no existe tal cosa. A veces decimos fulano cambio, no fue que cambio si no que revelo lo que había en su corazón. Escuche un refrán que decía "el hombre es como la luna, nunca revela su lado oscuro.

"Yo Jehová, que escudriño la mente, que pruebo el corazón,
para dar a cada uno según su camino, según el fruto de sus obras".
Jeremías 17:10

La biblia nos enseña que nuestro arrepentimiento es aceptado, siempre y cuando tengamos un corazón contristo y humillado. En todo el proceso de transición nuestro corazón es purificado. Dios aun en medio de la dispensación llamada ley estableció la circuncisión. Era una ley ya establecida donde todo varón era circuncidado pocos días después de su nacimiento. En el libro de Deuteronomio, Dios pide algo diferente nos manda a circuncidarnos el corazón, para los Israelitas era un pacto de ley, pero Dios quería un compromiso de un corazón limpio. Dios nos hace claro que el quiere una relación intima, y nos manda a circuncidad vuestros corazones.

"Circuncidad, pues, el prepucio de vuestro corazón..."
Deuteronomio 10:16 RV

Es una forma de pedirnos que purifiquemos nuestros corazones. En este capítulo quiero analizar las cosas que pueden infiltrarse en nuestros corazones en tal forma que pueden ser peso que nos provoquen el fracaso. El propósito de este libro es llevarte al camino de la promoción. Hay fracasos provocados por peso en nuestros corazones, que nos impiden desarrollarnos y llegar a nuestro destino en Dios. El peor error es esperar que Dios nos quite algo que nos toca a nosotros entregarle. David es un ejemplo, al enfrentarse a Goliat. Despojarse de las cargas fue el primer paso de David antes de posicionarse en el campo de batalla. Hay tantas personas haciéndole frente a Goliat con cargas en el corazón que te destinan al fracaso.

"Entonces David dejó su carga en mano del que guardaba el
bagaje, y corrió al ejército" 1 Samuel 17:22

Nunca salgas a la guerra con tus cargas, porque vas a fracasar. Hay cargas en nuestras vidas que nos agotan antes que la guerra comience. El enemigo sabe que si llevas cargas el tiene las de ganar. David sabía que estaba entrando a un campamento de guerra y que no podía distraerse. Las cargas que mencionaremos son distracciones del propósito. Mientras no estés enfocado en el propósito te estancaras. David rápidamente soltó su carga. Es importante definir qué cosas en nuestra vida son una carga. Una carga es la colocación de un peso sobre una persona. Estos pesos nos impiden correr la carrera como manda. Nos agotan provocando cansancio al nivel de querer darnos por vencido. Atándonos a hábitos y resentimientos que impiden a Dios obrar como él quiere en nuestras vidas.

"despojémonos de todo peso y del pecado que nos asedia,"
Hebreos 12:1

La palabra asedia significa molestar continuamente. Entonces es importante establecer que cada peso se convierte en una molestia continua. El escritor de hebreos entendía la importancia de correr sin peso. Hay personas que no han podido ser promovidos por Dios porque siguen guardando pesos en sus corazones. Quiero mencionar algunas cargas que han impedido a muchos llegar a su promoción. Por favor no las menciono para humillarte y muchos menos para juzgarte sino para que entiendas que no puedes seguir cargando esos pesos y pretender ser promovido. Recuerda que muchos han sido esclavizados por esas cargas pero pudieron vencer y tú también puedes.

1.Resentimientos

Los resentimientos son un peso muy común en nuestro tiempo. Son fáciles de esconder al principio pero luego se convierten en bombas de tiempo. Un resentimiento es un sentimiento contenido de disgusto o enfado avivado por el recuerdo de una ofensa o un daño recibidos. El detalle en esta definición es que son sentimientos que son avivados por el recuerdo. Los recuerdos son imágenes de hecho o situaciones del pasado. Entiendo perfectamente que hay acontecimientos en nuestros pasados que no debieron haber pasado, pero la realidad es que sucedieron. Niños abandonados, mujeres abusadas etc., son cosas que las vemos a diario. La palabra resentimiento se deriva del latín re y sentiré. "Sentiré" quiere decir sentir y el "re" nuevamente o sea que el resentimiento nace de volver a sentir. Mientras sigas dándole vida al pasado seguirás avivando el sentimiento de odio, coraje y venganza. Hay personas atados al pasado de tal forma que no han podido superar las heridas del pasado a tal grado que se convierte en un peso. Donde son heridos continuamente por el resentimiento. Es un círculo vicioso. Se convierte en un veneno que afecta tus emociones y tú desarrollo. La biblia dice:

"Mirad bien, no sea que alguno deje de alcanzar la gracia de Dios; que brotando alguna raíz de amargura, os estorbe, y por ella muchos sean contaminados" Hebreos 12:15

Es muy importante que sueltes la carga del resentimiento. No sea que se convierta en una raíz de amargura. Cuando hablamos de amargura, es el sentimiento prolongado de resentimiento. Después que avivamos el resentimiento por períodos prolongados nace la amargura. La amargura es en sí un pecado que provoca la existencia de otros pecados dentro de la misma persona. Como dice *Efesios 4:31*

"Quítense de vosotros toda amargura, enojo, ira, gritería y maledicencia, y toda malicia."

La raíz de amargura despierta la necesidad de venganza. La venganza es el acto de procurar una satisfacción por un daño o agravio recibido. El deseo de venganza amarga el alma. Desear ver o provocarle el mal a otro para desquitar una herida provocada no es el plan de Dios. La biblia es clara cuando dice que a Dios le corresponde hacer justicia.

"No os venguéis vosotros mismos, amados míos, sino dejad lugar a la ira de Dios; porque escrito está: Mía es la venganza, yo pagaré, dice el Señor." Romanos 12:19

"Pues conocemos al que dijo: Mía es la venganza, Yo doy el pago" Hebreos 10:30

Es vital para tú promoción que canceles los pensamientos de venganza y veras que tendrás paz contigo mismo. Jamás podrás ser promovido con resentimientos en tú corazón. No te estoy diciendo que es algo fácil, pero Dios te da las fuerzas. Despójate de aquel que te traiciono años atrás, ese divorcio inesperado, maltrato de tú infancia, la falta de paternidad etc. La biblia nos dice: *"Aunque mi padre y mi madre me dejaran, Con todo, Jehová me recogerá" Salmos 27: 10.*

Me encanta que dice con todo porque él te recoge aun con el resentimiento, pero con el objetivo de sanarte. Levanta hoy tú cabeza dile al resentimiento hasta hoy llegaste. Voy en busca de mi promoción. Los resentimientos son tan venenosos que Jesús nos hace consiente que nuestras oraciones son interrumpidas si hay resentimientos. Les concientizo a los discípulos que antes de ofrendar arreglaran cuentas con sus ofensores. Hoy se te abre una puerta para que puedas despojarte del resentimiento y ser promovido. No pagues un mal con mal. Al que te traiciona dale de comer. La biblia dice que haciendo esto ascuas de fuego acumulas sobre sus cabezas.

"No paguéis a nadie mal por mal; procurad lo bueno delante de todos los hombres. Si es posible, en cuanto dependa de vosotros, estad en paz con todos los hombres. No os venguéis vosotros mismos, amados míos, sino dejad lugar a la ira de Dios; porque escrito está: Mía es la venganza, yo pagaré, dice el Señor.

Así que, si tú enemigo tuviere hambre, dale de comer; si tuviere sed, dale de beber; pues haciendo esto, ascuas de fuego amontonarás sobre su cabeza.

No seas vencido de lo malo, sino vence con el bien el mal"
Romanos 12:17-21

Reflejar el carácter de Cristo incluye también su amor. Reconoce las consecuencias del resentimiento, destruye matrimonios, relaciones con hijos, interfiere con relaciones entre amigos y detiene tú ministerio. La amargura se vence con el perdón, perdonando a nuestro prójimo.

"Porque si perdonáis a los hombres sus ofensas, os perdonará también a vosotros vuestro Padre celestial". Mateo 6:14

"Y si siete veces al día pecare y si siete veces volviere a ti diciendo: «Me arrepiento», perdónale." Lucas 17: 3-4

2.El Autoestima

Esta próxima carga afecta tú manera de verte. Tiene que ver con la imagen que se proyecta cuando te miras en un espejo. Tenemos que reconocer que los sentimientos de inferioridad es una herramienta poderosa del enemigo. Hay tantas personas estancadas porque dudan de que puedan lograr alcanzar promoción o simplemente ser escogidos por Dios. Son muchas las personas cargando esta carga de baja autoestima. Es una condición grave que te conduce directamente al fracaso.

Digo directamente porque jamás te vez alcanzando nada. El enemigo bombardea sus mente con pensamientos negativos, "tú nunca llegaras a nada", tú no sirves", "nadie confiara en ti" "por más que intentes no lo vas a lograr", "mejor es que te rindas a ahora y evites vergüenzas". Son estas las frases en las mentes de tantas personas que han sido llamadas a tener ministerios prósperos; familias prosperas. Pero el problema está que al pararse frente al espejo no lo pueden ver.

¿Qué es la Autoestima? Es nada más y nada menos que tú propia evaluación de ti mismo. Es la imagen registrada en tú mente, de quien tú crees que eres. Incluye apariencia, tú calidad de trabajo, etc. Afecta y controla tus pensamientos, acciones, sentimientos y como te tratas tú mismo. Es un ataque que en un momento dado lo sentimos todos. Ahora la clave está en no dejarnos dominar por la baja estima. Testifique en capítulos anteriores que al salir al ministerio lo viví, me sentí incapaz de poder liderar. Moisés lo sintió cuando Jehová lo llamo y su excusa fue, soy tartamudo no sirvo, no se hablar. Jeremías también ante su llamado dijo soy un niño no sirvo. El 99% de las veces esto está totalmente alejado de la realidad. Una autoestima saludable es aquel que entiende que en Dios rompemos los límites. El salmista lo expreso así:

"En Dios haremos proezas" Salmos 60:12

Una persona con baja estima pierde la certeza de que Dios puede promocionarlo. Cuando hablamos de proezas se refiere a victorias extraordinarias. Para lograr victorias extraordinarias tienes que <u>SABER</u> que eres alguien importante para Dios. El pensar menos de ti detiene el proceso de promoción. Es un sentimiento destructivo, que motiva el odio y auto rechazo. Cuando no nos amamos, perdemos el deseo de progresar y desarrollarnos. Nos convertimos en nuestros peores enemigos. Nuestra confianza en nosotros es mínima. La baja estima mata la motivación y la iniciativa. Las personas que cargan con este peso siempre están buscando reconocimiento, para poder alimentar su autoestima. Se convierten en adictos de la opinión pública. Cuando no logran ser aplaudidos se frustran y son arropados por el sentimiento de impotencia. Se sienten obligados a dejar saber sus logros para sentirse aceptado. Volviendo a revivir las experiencias que marcaron su vida. A tal forma que su autoestima sigue deteriorándose al punto de reproducir las heridas.

Hay muchas personas combatiendo la baja estima. Hoy puedes soltar la carga. Hay alguien que conoce tú potencial y quiere verte desarrollarlo. Simplemente abraza lo que Dios ha decretado para tú vida a través de su palabra. Créelo y aplícalo...

> *"Porque somos hechura suya, creados en Cristo Jesús para buenas obras, las cuales Dios preparó de antemano para que anduviésemos en ellas" Efesios 2:10*

> *"somos coherederos con Cristo" Romanos 8:17*

> *"Le has hecho poco menor que los ángeles, Y lo coronaste de gloria y de honra" Salmos 8:5*

Saúl cuando fue escogido para ser rey hizo lo mismo que hacen muchos cuando son llamados por Dios. Activo su baja estima. Saúl era el ideal para el reinado. Sus cualidades llenaban los requisitos para la posición. Pero como venimos explicando Dios ve en ti lo que tú baja autoestima no te deja ver. Saúl tenía todas las cualidades y características para ser el mejor, cualquiera en el reino podía darse cuenta que él era el mejor candidato, pero él no lo veía así.

> *"Saúl respondió y dijo: ¿No soy yo hijo de Benjamín, de la más pequeña de las tribus de Israel? Y mi familia ¿no es la más pequeña de todas las familias de la tribu de Benjamín? ¿Por qué, pues, me has dicho cosa semejante? 1 Samuel 9:21*

Su reflejo de si mismo lo limitaba a comprender que él era el escogido. Muchos cargan los fracasos de sus padres. Yo no puedo ser un predicador mi papa fue un adicto o un asesino. ¡Gloria a Dios que el quebró las maldiciones generacionales! Esta manera de pensar será un problema para todo el que carga este peso. Habrá siempre un conflicto entre tus sentimientos y convicción. Algo dentro de ti te motiva a pensar que es verdad, Dios te quiere promocionar. Puedes ser un ministro de poder, puedes ser el padre o la madre que tus hijos necesitan, puedes encontrar un hombre o una mujer que te haga feliz. Créelo no importa cuantos te digan lo contrario, fuiste creado por Dios extraordinario para que puedas hacer cosas extraordinarias. Probablemente cuando niño alguien te marco con palabras negativas. En la escuela te humillaron, tús padres te dijeron que nunca terminarías nada. A través de la palabra llevamos todo pensamiento cautivo. Estos versos bíblicos nos enseñan que no fuimos simplemente un error. Probablemente no estabas en la mente de tús padre pero si en la mente de Dios. Cree a Dios y reconoce que eres una pieza importante y valiosa dentro del plan divino de Dios. Rechaza los pensamientos negativos y repítelo conmigo ¡YO SOY IMPORTANTE!

3. Orgullo

Mientras muchos sufren de baja estima otros se han enfermado con el orgullo y la prepotencia. La biblia habla fuertemente en contra del orgullo.

> *"El temor de Jehová es aborrecer el mal; La soberbia y la arrogancia, el mal camino, Y la boca perversa, aborrezco."*
> *Proverbios 8:13*

Es importante dejar claro que hay dos tipos de orgullo. Esta el orgullo que a Dios no le agrada, y el orgullo que sentimos por un sueño hecho realidad. El orgullo que siente un padre o una madre al ver sus hijos progresar. El Orgullo que siente un hombre el poder sacar adelante su familia. Pero el orgullo que vamos a tratar es aquel que detiene la promoción en el cristiano. Es ese orgullo el que lleva a Dios a mirarte de lejos. La Biblia los expresa así:

> *"El malo, por la altivez de su rostro, no busca a Dios; No hay Dios en ninguno de sus pensamientos"* Salmos 10: 4

El orgullo se define como exceso de valoración propia por el que se cree superior a los demás. Cuando el orgullo llega a este nivel se convierte en soberbia. El orgullo te lleva a sentirte superior a otros. La soberbia es un sentimiento de superioridad frente a los demás que provoca un trato despectivo y desconsiderado hacia ellos. Ya no se refleja el amor ni la misericordia, solo hay desprecio hacia aquellos que categoramos menos. Dios no te puede elevar con este tipo de orgullo. Si en lo poco de domina el orgullo imagínate en lo mucho. Cuando la persona llega a este nivel de soberbia obtiene una actitud de arrogancia y prepotencia. Hablan de sus éxitos y victorias buscando el reconocimiento y el aplauso de los demás. Ya no interesa en reflejar a Cristo, pretende que toda la atención sea para el mismo. Humillando aquellos que no han podido lograr lo mismo. La biblia dice mucho en contra del orgullo, la altivez y la soberbia.

"Porque Jehová es excelso, y atiende al humilde, Mas al altivo mira de lejos." Salmos 138:6,

"Abominación es a Jehová todo altivo de corazón; Ciertamente no quedará impune." Proverbios 16:5

"Porque el que se enaltece será humillado, y el que se humilla será enaltecido". Mateo 23:12

No es un misterio porque Dios detesta tanto el orgullo. La historia de Satanás nos enseña que la motivación de su rebeldía fue el orgullo. Anhelo la Gloria, el trono y toda la adoración. Quien mejor que Satanás para saber que Dios no comparte su Gloria con nadie. Se enojo Dios al extremo de no encontrarse lugar para Satanás en cielo. El orgullo busca la adoración propia o la auto adoración. Satanás anheló tanto la exaltación propia que quiso dar un golpe de estado. Dio inicio a este peso que ha tumbado a muchos soldados del caballo. Hay personas hoy predicando a Cristo pero se dan más créditos ellos, que a Dios. Con esa actitud tomamos la Gloria que solo le pertenece a Dios. Ese ha sido el motivo de muchos fracasos. Olvidarse que de Dios es toda Gloria.

Por eso el Apóstol Pablo nos dice:

"Porque el que se cree ser algo, no siendo nada, a sí mismo se engaña." Gálatas 6:3

La biblia habla de un hombre llamado Nabucodonosor. Era el rey de Babilonia. Este gran Rey había logrado extender su territorio hasta los confines de la tierra. Era respetado y temido por otras naciones. Dios había dado la victoria a este rey sobre mucho territorio. Gracias a él hoy podemos disfrutar de los jardines colgantes. Sus talentos y su capacidad de liderar lo llevaron a romper limitaciones. Pero un día el orgullo y la soberbia tocaron la puerta de su corazón. Hay muchos hombres y mujeres de Dios que le han abierto las puertas al orgullo. Se han elevado tanto que se creen invencibles. Al el orgullo entrar en tú corazón destruye en ti la humildad y la dependencia en Dios. Podemos tener grandes talentos, ser más creativo que otros, pero jamás puedes olvidar quien te dio el talento. Alégrate de ser parte de un plan maestro, pero tanto que te consideres el creador. La historia narra que este fue el error del Rey. Un día el rey mientras miraba su reinado y comenzó alimentar su ego. El ego es un aprecio excesivo de ti mismo. Nos consideramos tan grandes que creemos que Dios no puede conseguir a otro que haga lo que tú haces. Nabucodonosor comenzó alabar el "YO". Yo sane, yo liberte, yo vencí, yo lo hice, son expresiones de personas que han abierto su corazón al orgullo. Nabucodonosor dijo:

> *"¿No es ésta la gran Babilonia que yo edifiqué para casa real con la fuerza de mi poder, y para gloria de mi majestad?". Daniel 4:30.*

Nabucodonosor había tenido un sueño que le mostraba su final si dejaba que el orgullo lo dominara. Ya Daniel le había dado la interpretación de un sueño como advertencia de no caer en el orgullo. No había acabado el rey de hablar cuando dice la biblia en los próximos versos;

> *"Aún estaba la palabra en la boca del rey, cuando vino una voz del cielo: A ti se te dice, rey Nabucodonosor: El reino ha sido quitado de ti; y de entre los hombres te arrojarán, y con las bestias del campo será tú habitación, y como a los bueyes te apacentarán; y siete tiempos pasarán sobre ti, hasta que reconozcas que el Altísimo tiene el dominio en el reino de los hombres, y lo da a quien él quiere" (v. 31, 32).*

Perdió todo en un instante por dejar que la soberbia dominara sus emociones. Pero para ti lector que comprendes que te aconteció lo mismo perdiste oportunidades, tú familia, tú ministerio, por dejar que el orgullo te venciera, la historia no termina ahí. Te elevaste tanto que tomaste para ti la gloria. Ahora el enemigo se aprovecha de tú culpabilidad para decirte que jamás te levantaras. Por siete tiempos o años el rey estuvo con las bestias del campo. De bañarse en el palacio y comer las mejores comidas ahora se encuentra bañándose con el rocío de la mañana y comiendo la comida de animales. Fue humillado hasta los sumos. Esa es la manera que Dios trata con los soberbios. Los humilla para que entiendan que aquí el grande es Dios. Pero un día con una actitud de humillación recupero todo.

El verso 34 *dice "Mas al fin del tiempo yo Nabucodonosor alcé mis ojos al cielo, y mi razón me fue devuelta; y bendije al Altísimo, y alabé y glorifiqué al que vive para siempre, cuyo dominio es sempiterno, y su reino por todas las edades".* Tuvo que mirar para el cielo y reconocer que el único grande es Dios. Hay que mirar hacia arriba para recordar que no soy yo, ni tú, que no es quien soy o de donde vengo, es Dios y nadie más. Una actitud de humillación ante el rey es la clave de tú restauración.

Amados hermanos, no podemos pasarnos la vida cristiana creyendo que por lo bueno que somos haremos esto o aquello, reconozcamos en cada momento de nuestra vida que Dios es quien hace **TODO** y que tan solo somos instrumentos que por su misericordia somos usados por él. El mismo Juan el Bautista expreso: *"Es necesario que él crezca, pero que yo mengue" Juan 3:30.* A través de la escritura te he demostrado que el orgullo simplemente te llevara a la humillación. Despojémonos del orgullo, reconozcamos que si algo hemos logrado ha sido porque el todopoderoso lo permitido. El orgullo es y seguirá siendo una herramienta poderosa del enemigo. Donde muchos buscando reconocimiento del hombre olvidaran que el reconocimiento importante es el de Dios.

4. La negatividad

Esta próxima carga la he visto no solo en miembros de Iglesias sino también dentro del liderato. Hombres y mujeres dominados por la negatividad. Lo más triste es ver a alguien en posición de liderar y con una mente negativa. No hay nada más difícil que tratar de motivar a una persona negativa. No vale lo que digas siguen dudando y no se acoplan. La negatividad impide los cambios. La negatividad interrumpe el crecimiento y detiene la promoción. Hay personas que solo saben percibir lo negativo. Nunca se oyen expresar nada positivo de nada que se proyecta. La actitud negativa siempre nos lleva a ver los resultados de la peor forma. Se acomodan tanto a la rutina que no ven nada positivo fuera de su rutina. Si se proyectan actividades en la Iglesia que nunca se han hecho en vez de unirse a la causa murmuran. No inician nada pero si se oponen a los que inician. Solo abren sus bocas para expresar negatividad y fracaso. Dios no puede trabajar con mentes negativas. Con este peso todo lo que Dios quiere hacer contigo será irrelevante. No importa cuántos profetas les traigan una palabra poderosa, todo se ve negativo. Toda persona que quiere ser promovido necesita no solamente soltar la negatividad, sino también apartarse de personas con mentes negativas. A través de las conversaciones negativas sin darnos cuenta comenzamos a titubear en lo que Dios ha decretado. De optimista cambiamos a pesimistas.

> *"No erréis; las malas conversaciones corrompen las buenas costumbres" 1 Corintios 15:33*

Dios tratando de revelarte lo que quiere hacer contigo y usted enfocado simplemente en lo negativo. Expresiones como "No se puede", "Es una pérdida de tiempo", "No va a funcionar", "No va a dar resultado", "No va a venir nadie". ¿Te suenan conocidas? Unas de las mejores maneras de lograr éxito en toda etapa de la vida, es desarrollar una actitud positiva. Willie Nelson dijo *"Cuando empieces a reemplazar tus pensamientos negativos por positivos, empezarás a ver resultados positivos".* La biblia nos enseña que tenemos poder en nuestras declaraciones. Entonces comienza a declarar palabras positivas y veras un cambio de resultados. El enemigo lanzara ataques mentales de negatividad. Porque es claro que si tú no lo crees no veras. Jesús se lo dijo a Marta no te he dicho que si crees veras la Gloria de Dios. La clave está en creer.

> *"Jesús le dijo: Si puedes creer, al que cree todo le es posible"*
> *Marcos 9:23*

Nehemías lo vivió mientras reconstruía los muros. Hay gente que se siente incapaz de lograr algo y buscaran todos los medios posible para que tú tampoco lo logres. Saben que su tiempo paso, o que no fueron llamadas para ocupar una posición. En vez de ayudarte se llenan de envidia y solo lanzan palabras negativas para que tú también fracases.

> *"Y habló delante de sus hermanos y del ejército de Samaria, y dijo: ¿Qué hacen estos débiles judíos? ¿Se les permitirá volver a ofrecer sus sacrificios? ¿Acabarán en un día? ¿Resucitarán de los montones del polvo las piedras que fueron quemadas? Y estaba junto a él Tobías amonita, el cual dijo: Lo que ellos edifican del muro de piedra, si subiere una zorra lo derribará." Nehemías 4: 2-3*

En toda encomienda que Dios te de se van a levantar personas con una mentalidad negativa. Esa negatividad puede detener la obra de Dios en ti. Los enemigos llamaron a Nehemías y al pueblo débiles. Querían infiltrar lo negativo. No te preocupes si hay oposición, eso es señal de que vas bien. Preocúpate si el enemigo no te molesta. Pero no podemos dejarnos ir por engaños del enemigo. ¡Si podemos! No hay lugar para la negatividad. Las críticas son nada más y nada menos que la forma del enemigo infiltrar la negatividad para que no continúes. Ese era la meta de Sanbalat y Tobías, querían detener la obra de reconstrucción. Llevas mucho tiempo queriendo reconstruir tú matrimonio, tú familia, ministerio. Pero hay un Sanbalat y Tobías diciendo que eres débil. Que tú familia no se va restaurar. Que ya tú ministerio no tiene remedios. ¡Mentiras! Eso es estrategias de enemigo. Si Dios te lo prometió todo se va reconstruir. Muchos se han dejado distraer por esta carga y su promoción ha sido atrasada por su mentalidad negativa. Lleva todo pensamiento cautivo en obediencia a la palabra. Por eso la biblia dice:

> *"Antes, en todas estas cosas somos más que vencedores por medio de aquel que nos amó. Por lo cual estoy seguro de que ni la muerte, ni la vida, ni ángeles, ni principados, ni potestades, ni lo presente, ni lo por venir, ni lo alto, ni lo profundo, ni ninguna otra cosa creada nos podrá separar del amor de Dios, que es en Cristo Jesús Señor nuestro." Romanos 8:37-39*

Entonces no hay motivos porque creer que lo que estamos emprendiendo no va a dar resultados. Ya Dios nos ha hecho vencedores. No hay lugar para la negatividad. Comprende que las personas negativas no logran nada. Porque se cantan fracasados antes de comenzar. El salmista lo expreso así: *"Caigan los impíos a una en sus redes, Mientras yo pasaré adelante" Salmos 141:10.* Los que han sido libres de este peso comprenden que Dios ya nos ha dado la victoria. Hay personas viviendo en fracaso porque solo saben declarar fracaso. En otras palabras no dejes que la negatividad logre a desenfocarte de lo que ya sabes.

"Todo lo puedo en Cristo que me fortalece" Filipenses 4:13

5. Conformismo

Uno de los propósitos de este libro es sacarte de tú área de conformismo. Escuche un refrán una vez que decía: *El que poco arriesga poco gana.* Esta carga no se siente como peso, pero detiene la promoción. Te hace sentir cómodo aunque la vida que llevas no sea lo que querías. Conozco tantas personas que por no salir de su área de conformismo, no ven mayores resultados. El conformismo es la actitud de la persona que se conforma fácilmente con una circunstancia que no es óptima o con la que no está de acuerdo, por comodidad o falta de interés. Estamos rodeados en este mundo de gente que se adaptan a las circunstancias, crisis o enfermedad. Que se adaptan fácilmente a sus crisis. Por miedo a no ver resultados prefieren seguir en un patrono de insatisfacción. Ya sea por falta de interés o simplemente resignarse a ese estilo de vida. El conformismo es un arma mortal del enemigo. Es la manera más efectiva para nublar la visión. En el tiempo que vivimos necesitamos más gente que se incomoden de lo que estamos viviendo. Se conforman a la pobreza, enfermedad, la violencia, la separación familiar entre tantas cosas. El hombre y la mujer de Dios necesitan entender que somos la autoridad legal sobre la tierra. Esa delegación echa por Dios nos compromete a no conformarnos. El Apóstol Pablo nos dice:

"No os conforméis a este siglo" Romans 12:2

El Apóstol comprendió que si la Iglesia se conforma no hará nada por la causa. Por eso exprese en el capítulo 1 que no nos lamentemos sino que hiciéramos algo al respecto. Es vital comprender que no habrá cambios hasta que alguien se incomode. La incomodidad es el sentimiento de falta de conveniencia o gusto. He aprendido que la insatisfacción de hoy será mi motivación para cambiar mañana. Este peso ha logrado estancar a muchos líderes de Iglesias con el potencial de expandirse a lo máximo. Pero por miedo de cambiar el patrono o estructuras ya establecidas obtienen el mismo resultado. En estudios hechos podemos concluir que las características de una actitud conformista son:

- Temor al fracaso
- Niega anhelar algo que realmente quieren, por el temor de no alcanzarlo
- No piensa en salir adelante y mucho menos mejorar su situación
- Pueden tener iniciativa pero no la motivación suficiente para terminar

Muchos proyectan e inician pero a lo largo del camino al enfrentarse con los retos se conforman con el pasado. Muchos por no aceptar su incomodidad critican a otros que progresan. Otros han logrado dar sus primeros pasos pero cuando enfrentan la oposición el conformismo del pasado los ataca. Lo vemos claro con el pueblo de Israel. Dios les promete la libertad después de 430 años. Inician su salida pero en el momento de dificultad miran al pasado.

"Y cuando Faraón se hubo acercado, los hijos de Israel alzaron sus ojos, y he aquí que los egipcios venían tras ellos; por lo que los hijos de Israel temieron en gran manera, y clamaron a Jehová. Y dijeron a Moisés: ¿No había sepulcros en Egipto, que nos has sacado para que muramos en el desierto? ¿Por qué has hecho así con nosotros, que nos has sacado de Egipto?

¿No es esto lo que te hablamos en Egipto, diciendo: Déjanos servir a los egipcios? Porque mejor nos fuera servir a los egipcios, que morir nosotros en el desierto." Éxodos 14:10-12

¡En serio! Estaban a punto de ser libres. La biblia registra que Dios los guiaba de día con una columna de nube y de noche una columna de fuego. Que mejor GPS que ese. Pero ahora por el reto anhelan vivir como esclavo. Si eso no es el peor caso de conformismo no sé que es. Iban camino a la promoción Dios tenía todo su plan en marcha y el pueblo quería volver a la esclavitud. No hemos dicho de ninguna forma que no hay guerra antes de la promoción. Está claro que hay que sudar un poco para llegar a la promoción. Pero nos cansamos tanto que preferimos morir intentando mejorar. Hay personas que Dios le está abriendo puertas para promoverlos pero prefieren morir en Egipto. Se sienten cómodos aun en condiciones críticas. Prefiero morir libre en el desierto y no esclavo en Egipto.

Reconoce que hay algo más para ti. No te conformes con lo que estás viviendo. El conformismo es el peor enemigo del éxito. Así que atrévete a salir de tú área de conformismo y comienza el camino a la promoción. Un ejemplo lo vemos en el momento que Dios manda a sus discípulos a cruzar el mar. Ellos en obediencia emprenden su jornada al otro lado del mar. Lejos estaba de ellos que sería una noche inolvidable. Los 12 habían escuchado la misma orden y todos habían obedecido. La Biblia relata:

"En seguida Jesús hizo a sus discípulos entrar en la barca e ir delante de él a la otra ribera, entre tanto que él despedía a la multitud. Despedida la multitud, subió al monte a orar aparte; y cuando llegó la noche, estaba allí solo. Y ya la barca estaba en medio de la mar, azotada por las olas; porque el viento era contrario" Mateo 14:22-24

Era una noche donde iban a graduarse de un nivel a otro. Recordando que ya en el capítulo 8 de Mateo, habían experimentado algo similar y también dudaron. La repetición de la tormenta es para dejarnos claro que hay tormentas que pueden ser desviadas, pero otras hay que atravesarlas. A veces la oración no debe de ser Señor desvía la tormenta sino ayúdame y fortaléceme para poder atravesarla. La barca estaba siendo azotada por los grandes vientos. Estaba en riesgo su promoción. Era el momento decisivo. En medio de la turbulencia Jesús se acero a ellos sobre las aguas. Pedro observando la tormenta se dio cuenta que Jesús era la mejor compañía en esa situación. Entonces le pide ir a El sobre las agua. La barca era su área de conformismo. Lo lógico era quedarse en la barca, pero la Fe va por encima de lo lógico. Pedro decidió dejar su área de conformismo e intentar lo aparentemente imposible. Después de Jesús, Pedro marco la historia habiendo caminado por encima del las aguas. Esa oportunidad era de todos pero solo los que estén dispuestos a dejar el conformismo marcaran su historia. Hoy pudiéramos decir que 12 hombres salieron de la barca y caminaron sobre las aguas. Pero el conformismo los paralizo en su momento de promoción. Mientras 11 hombres podían solo contar la experiencia de ver a Jesús y a Pedro desafiar lo imposible y caminar sobre las aguas. Pedro podía decir yo camine con Jesús sobre las aguas. ¿Ves la diferencia? No va haber promoción hasta que dejes la barca atrás y camines sobre lo imposible. Probablemente llevas años en tú misma situación. En medio de tú conformidad te estás sintiendo incomodo ese es el Espíritu de Dios revolucionando tú interior. Hoy te dice levántate y camina que tú promoción espera.

6. Espíritu de Cobardía

Es importante comprender la diferencia entre el temor y el miedo. Cuando hablamos del temor a Dios nos referimos a un sentimiento de reverencia a Dios. Este temor es beneficioso para aquellos que logran desarrollarlo. Por medio de este temor aprendemos a obedecer y respetar a Dios. La biblia dice:

"El principio de la sabiduría es el temor de JEHOVÁ; Buen entendimiento tienen todos los que practican sus mandamientos. Su loor permanece para siempre" Salmo 111:10

"El temor de JEHOVÁ es para vida, Y con él vivirá lleno de reposo el hombre; No será visitado del mal" Proverbios 19:23

"En el temor de JEHOVÁ está la fuerte confianza, Y esperanza tendrán sus hijos." Proverbios 14:26.

Estos versos nos enseñan que este temor es señal de total rendimiento a Dios. En ese temor recibimos vida, seguridad y nuestra descendencia es protegida del mal. Entonces no cabe duda que temer a Dios es respetarle y traerá grandes bendiciones para todos lo que le temen.

Pero yo quiero tratar el tema de la cobardía es ese sentimiento que provoca una carga que te impide enfrentar el desafío en contra de tú promoción. Ese espíritu que drena la valentía en ti y te impide tomar riesgos en el Señor. Este espíritu de cobardía debe ser conquistado en nuestras vidas para poder llegar a la promoción. El Apóstol Pablo le dijo claramente a Timoteo:

"Porque no nos ha dado Dios espíritu de cobardía, sino de poder de amor y de dominio propio." 2 Timoteo 1:7

Queda perfectamente claro que si Dios no nos dio el espíritu de cobardía, entonces tenemos que despojarnos del mismo. El Pastor Timoteo, estaba pasando por un momento difícil en su ministerio. En su primera epístola vemos una Iglesia prospera en crecimiento y multiplicación. El momento feliz para cualquier líder. El tono de la epístola era de gozo de fiesta. El crecimiento era tan notable que el Apóstol Pablo le da instrucciones al joven pastor de cómo elegir ancianos y lideres. Era un tiempo de expansión. Pero las cosas cambiaron en la segunda epístola. Un Emperador llamado Nerón provoco un incendio en unos barrios de la ciudad de Roma y culpo a los cristianos. Dando inicio a una persecución donde varios líderes de la Iglesia fueron torturados y asesinados. La persecución estaba en todo su apogeo. Todo cristiano que era arrestado se le pedía que negara a Jesús o morían como mártires. La gente temía salir por miedo de ser arrestados y torturados. La Iglesia en general fue sacudida. El gozo ya no estaba tan fuerte como al comienzo. Pabló entendiendo que la situación requería un hombre de Dios valiente, le recordó a Timoteo no hay lugar para el espíritu de cobardía. Cuantos hoy están enfrentando un momento de neblina en sus vidas, ministerios, familias etc., y lo primero que viene a sus mentes es soltar los guantes. Entiendo perfectamente que hay momentos duros, pero también entiendo que Dios no me llamo al ministerio para dejarme fracasar por mas difícil que sea. La biblia nos dice:

> *"Hijitos, vosotros sois de Dios, y los habéis vencido; porque mayor es el que está en vosotros, que el que está en el mundo."* 1ra Juan 4:4

Aquí la palabra mayor se refiere a más poderoso. Pues si El que está conmigo es más poderoso que el que está en el mundo pues la victoria tiene que ser mía. Recordemos que Dios se revela a través de lo que dice y promete. Si nos ha hecho una promesa EL LA VA A CUMPLIR. La cobardía paraliza el desarrollo espiritual. Hay muchos paralizados por que han sido arropados por este espíritu de cobardía. Hay un refrán que dice que de los cobardes no hay nada escrito. La historia es marcada por hombres que atreven a dar su todo. La biblia en el libro de Apocalipsis posiciona a los cobardes juntos con los incrédulos.

> *"Pero los cobardes e incrédulos, los abominables y homicidas, los fornicarios y hechiceros, los idólatras y todos los mentirosos tendrán su parte en el lago que arde con fuego y azufre, que es la muerte segunda"* Apocalipsis 21:8

El espíritu de cobardía no te permite recordar las victorias pasadas, solo los fracasos. El Espíritu de Cobardía tiene 4 efectos:

a. Nos hace miserables
b. Nos hace inefectivos
c. Nos paraliza
d. Nos recuerda de los fracasos de nuestro pasado.

El espíritu de cobardía tiene un solo objetivo lograr detener tú progreso. El hecho de comenzar a sentirnos incómodos en una situación sin el valor suficiente para actuar nos hace miserables. Miserables porque sabemos que si actuamos podemos cambiar la situación, pero el espíritu de cobardía nos vence. No nos atrevemos a romper los límites enfrentando a los desafíos. Entiendo que hay desafíos que nos estremecen. Pero no podemos estancarnos. Cuando sentimos el estancamiento y no nos sentimos capaces de confrontar la situación se va la alegría. Al estancarnos nos convertimos en inefectivos. Dios nos creo con la capacidad de ser efectivos en todo lo que emprendamos. Ser efectivo es producir el resultado esperado. Pero al ser cobardes ante las amenazas del enemigo nos paralizamos. Nos quedamos sin movimiento. Cuando una persona por causa de un accidente queda sin poderse mover, decimos que quedaron en estado vegetal. Me he dado cuenta que hay más personas en estado de vegetal en lo espiritual que en el hospital. Tenemos que recordar que le servimos a un Dios de acción. Dios siempre está haciendo algo; no puede usar gente paralizada. Dios tiene un plan que ha estado desarrollando desde la eternidad y necesita gente de acción no solo de palabras. Probablemente ayer fracasaste pero hoy es un nuevo día para vencer. No temas antes los grandes retos tú vencerás.

Capítulo 7

Tú Puedes Ser libre

Podemos seguir enumerando cargas que han afectado a muchos en su progreso. Dios nos diseño para progresar, crecer y conquistar. Este conjunto debe estar activo en nuestra vida. El Apóstol Pedro en su segunda epístola motiva al crecimiento,

> *"Antes bien, creced en la gracia y el conocimiento de nuestro Señor y Salvador Jesucristo" 2 Pedro 3:18.*

Por eso el Apóstol Pablo le recordó a Timoteo que Dios nos había dado dominio propio. Salomón lo comparo a una ciudad sin murallas. Como explicamos en el capítulo 1, una ciudad sin murallas es presa fácil para el enemigo. Entra y sale cuando quiere.

> *"Ciudad en ruinas, sin muralla protectora: ¡eso es el hombre que no frena sus impulsos! Proverbios 25:28.*

Dominio propio, es la virtud de uno que controla sus deseos y pasiones, especialmente sus apetitos sensuales. Dios a través de su Santo Espíritu nos da la virtud de controlar nuestros impulsos. Los impulsos son deseos intensos que llevan a hacer una cosa de manera inesperada y sin pensar en las consecuencias. Es bien peligroso no manifestar el dominio propio. Sin dominio propio vivimos una vida desenfrenada. Hay tantas personas llamados cristianos incluso personas en posiciones en las Iglesias, que están luchando en contra de adiciones ocultas. El dominio propio se ejercita hasta fortalecerlo. Es como si fuera un musculo del carácter. Es importante que pongamos en práctica nuestro dominio propio. Pero hay muchos que se han convertido en juguetes en las manos de Satanás. Esclavizados a adiciones que los limitan. Tú puedes romper con círculos viciosos, que destruyen en tú vida las posibilidades de poder llegar a la promoción.

Querido lector usted sabe por cual situación está atravesando. Mi propósito no es juzgarte pero si confrontarte para motivarte a salir de esa situación. Pero es importante que hoy reconozcas sí, hay pesos que necesitas soltar. ¿Qué haces a escondidas cuando nadie te ve? ¿Cuando las luces del escenario se apagan? ¿Cuando no se escuchan los aplausos? ¿Cuando no hay reconocimiento? ¿Cuándo manejas tú carro a solas? ¿Qué miras? Cuando estás en la computadora, ¿a qué paginas entras? Es ahí en privado donde desarrollamos el dominio propio. El propósito de este libro es ayudarte a llegar a donde Dios quiere llevarte. Ya Dios tiene el escenario listo para tú promoción. No tienes que vivir una vida encarcelada. Pero mientras vivas encerrado en dos mundos jamás podrás crecer. El salmista David fue un gran ejemplo. En el libro de los salmos dice;

"Saca mi alma de la cárcel, para que alabe tú nombre"
Salmos 142:7.

El pecado te encarcela y mata la pasión por Jesús. Pecado es pensamiento, palabra o acción contra la voluntad de Dios. La voluntad de Dios es terminar la obra que ha comenzado, y si tú estilo de vida no lo permite estas mal ante Dios.

"Estando persuadido de esto, que el que comenzó en vosotros la buena obra, la perfeccionará hasta el día de Jesucristo".
Filipenses 1:6.

Dejando claro que no podemos usar este verso fuera de contexto. El apóstol no está diciendo que no importa el estilo de vida que lleves el te va a usar. La Epístola a los filipenses era a una audiencia sometida a Dios. El apóstol Pablo estaba agradecido por sus ayudas financieras. Era una Iglesia que estaba compuesta de gente recién convertida en pleno primer amor. Por eso el apóstol Pablo le dice que olviden lo que queda atrás y se extiendan a lo que esta adelante. Viendo su esmero por el evangelio el apóstol es persuadido que Dios terminaría la obra que comenzó. Había un trasfondo espiritual que lo inspiraba a decir esas palabras. Dios quiere, anhela terminar lo que comenzó pero tienes que ser libre.

A través de la historia de Israel, vemos lo que el pecado oculto provoca en nuestras vidas. Dios había dado directrices acerca de qué hacer con Jericó. Pero Acan dejo que el pecado entrara a su corazón quebrando la voluntad de Dios. Y tomo dinero, un manto babilónico y un lingote de oro y lo escondió. Creyó que al esconderlo nadie lo iba a saber. Salomón dice,

"El que encubre sus pecados no prosperará; Proverbios 28:13.

Te recuerdo que mi mejor deseo es que puedas prosperar. Pero al ocultar tus pecados y no transformar tú estilo de vida te esclavizaras. Acan le trajo consecuencias al pueblo. Tú pecado limita tú vida personal como la vida ministerial. Cuantas cosas pudieras logras si te despojaras de todo peso. Las consecuencias que el pecado provoco fueron:

1. Derrota.

Israel salió a la guerra confiado. Habían saboreado el dulce sabor a victoria. Pero en esta ocasión, había un pecado sin descubrir. Tres mil hombres retrocedieron y corrieron como niños ante el enemigo, treinta y seis hombres fueron muertos. Y todo por el pecado oculto. No aceptes mas derrotas hoy puedes convertirte en un vencedor, si solo confiesas a Dios tú pecado y haces el compromiso de cambiar.

2. Ruina.

El pecado oculto provoca a Dios a ira, contrista su Santo Espíritu y por esa razón, Dios no nos permite prosperar. Vivir en ruinas es siempre vivir en pérdidas, destrucción, decadencia. En *Juan 10:10 dice que el ladrón vino a matar, robar y destruir. Pero Dios ha venido a dar vida y vida en abundancia.* Dios no te diseño para vivir en ruinas, si la estas experimentando pregúntate que hay oculto.

Mi oración es que el manto de arrepentimiento arrope tú vida y recibas convicción. La pregunta clave es; ¿Como me desago del problema? La respuesta es simple destruye el anatema o sea lo oculto. El arrepentimiento y la restitución deben ser primordiales en nuestra oración. Confiésale a Dios tú pecado y el te perdonara, su misericordia es eterna. No dejes que el diablo te siga humillando, interponiéndose en tú promoción. El enemigo te dirá Dios no te va a perdonar. MENTIRAS…. La biblia dice *"si se humillare mi pueblo, sobre el cual mi nombre es invocado, y oraren, y buscaren mi rostro, y se convirtieren de sus malos caminos; entonces yo oiré desde los cielos, y perdonaré sus pecados, y sanaré su tierra."* 2 Crónicas 7:14

"Si confesamos nuestros pecados, Él es fiel y justo para perdonar nuestros pecados, y limpiarnos de toda maldad". 1 Juan 1:9

"Hijitos míos, estas cosas os escribo para que no pequéis; y si alguno hubiere pecado, abogado tenemos para con el Padre, a Jesucristo el justo" 1 Juan 2:1

No tienes que sufrirlo solo. Dios está dispuesto ayudarte a salir de ese pozo en que te encuentras. David dijo, *"Mientras calle, se envejecieron mis huesos. En mi gemir todo el día. Porque de día y de noche se agravó sobre mí tú mano; se volvió mi verdor en sequedades de verano"* Salmo. 32.3-4. David nos está expresando nada más y nada menos que su conflicto interior por su pecado. El ocultar su pecado le había robado el gozo de la salvación. El peso del pecado oculto lo estaba matando. Había adulterado y creyó haberlo ocultado. David está diciendo que la mano del Señor se vino sobre él y que su alegría y su gozo se convirtieron en tristeza, en queja, en llanto, a causa de que sus huesos se habían secado, mientras había callado. David había sido un adorador, el hombre del momento, pero hoy su silencio había cambiado su carácter. Primero, era costumbre de los reyes salir a la guerra con el pueblo. David se quedo en el palacio. Sabes a veces caemos en tentación porque vamos a donde no tenemos que ir. Escuchamos lo que no tenemos que escuchar. Ponemos los ojos en lo que no tenemos que mirar.

Segundo, Pudiendo tener cualquier mujer se encapricho con la que no le respondía. David le falló al Señor de muchas maneras. Un pecado llama a otro. Para cubrir su adulterio tuvo que tercero, matar a un hombre inocente para cubrir su pecado. Si nos dejamos ir por eso llegamos a una imagen de un hombre frio y sin temor. Podemos verlo como alguien que nunca había conocido a Dios. Pero cuando vemos la historia de su vida en la Biblia, somos impactados por la forma tan profunda en que este hombre se comunicaba con su Creador, sin embargo en el salmo 32, encontramos un momento en el que él se había callado, es decir no había confesado o declarado su pecado. Puedes ser el mejor fingidor y disimular muy bien. Guardar el secreto y no decírselo a nadie. Saber que decir y cuando adorar, cuando brincar, responder a la gente que estamos en victoria. Podremos engañar a todos menos a Dios.

"No os engañéis; Dios no puede ser burlado: pues todo lo que el hombre sembrare, eso también segará" Gálatas 6:7

El punto aquí muy importante es que aunque nosotros callemos, es decir, decidamos no confesar nuestro pecado, el Padre Celestial se encargara de sacarlo a luz y entonces seremos avergonzados y no solo eso, sino que seguramente habrá una consecuencia dolorosa, no solo para el pecador, sino para todos los que están alrededor de su vida. Así que hoy en esta lectura has podido ver las consecuencias de una doble vida.

"Porque nada hay oculto, que no haya de ser manifestado; ni escondido, que no haya de ser conocido, y de salir a luz" Lucas 8:17

Entendemos claro el nivel de misericordia que Dios manifiesta. Pero el hecho de que El sea misericordioso, no quiere decir que El no castiga o disciplina. Por cuanto nos ama madruga a castigarnos con amor. Vivimos en un tiempo donde muchos quieren enseñar un evangelio sin compromiso. Los compromisos son responsabilidades contraídas. Esta generación tiene que comprender que los tiempos cambian, pero el compromiso de servir a Dios en espíritu, alma y cuerpo sigue vigente. Que es necesario que Dios siga ocupando el primer amor en nuestros corazones. Para muchos ser cristiano es simplemente en el templo los domingos cuando nos acordamos de asistir al servicio. Ningún atleta se convierte en una estrella con solo ir al gimnasio una vez a la semana. Tantos cristianos desmayándose ante la prueba. Se preguntan ¿por qué estoy tan débil? La respuesta es fácil te quieres fortalecer con 45 minutos de palabra a la semana. Imagínate que comieras más que los domingos. ¿Qué tipo de nutrición tuvieras? Examínate y hazte un análisis de la nutrición de tú alma. Muchos han llegado al nivel donde el ser libre los ha llevado a darle una definición fuera de contexto a la libertad. Estamos claro que no es la primera vez que pasa. El Apóstol Pablo exhorta acerca de esto":

"Porque vosotros, hermanos, a libertad fuisteis llamados; solamente que no uséis la libertad como ocasión para la carne, sino servíos por amor los unos a los otros" Gálatas 5:13

Cuando hablamos de la gracia de Dios nos referimos a la grandeza de su amor, su misericordia. Hablamos de ese favor no merecido. Cuando habitamos bajo la gracia de Dios podemos disfrutar del amor incondicional de Dios. Contrario a los debates teológicos donde muchos le llaman el nuevo evangelio de la gracia. No tiene nada nuevo, sin gracia no habría salvación. Sin salvación no hay evangelio. La gracia no es libertad para seguir pecando. No se justifique con la gracia para seguir pecando. La biblia es clara acerca del pecado. Dios ama al pecador pero aborrece el pecado. Hay muchas personas abusando de la gracia como permiso para seguir en su estilo de vida pecaminoso. El autor de hebreos dice:

> *"Porque si pecáremos voluntariamente después de haber recibido el conocimiento de la verdad, ya no queda más sacrificio por los pecados, sino una horrenda expectación de juicio, y de hervor de fuego que ha de devorar a los adversarios" Hebreo 10:26-27*

Tienes que entender que el pecado voluntario trae grandes consecuencias. Si vienes viviendo una vida de pecados deliberados necesitas poner un alto. Paralizas y neutralizas tú promoción cada instante que sigues abrazando el pecado. Puedes ser libre. Hemos resumido las cargas en el corazón que se convierten en pesos que no te permitirán ser promovidos. Cada uno de ellos es una estrategia del enemigo para paralizarte. Mientras te mantenga paralizado no alcanzaras metas, ni serás un conquistador. Aunque trates de enfrentarte a Goliat en ese estado el resultado será el fracaso. Goliat conoce tus debilidades, y se aprovechara de ellas. Probablemente llevas tiempo esclavizado con estas cargas y no encuentras como salir. La biblia dice:

> *"Pero fiel es Dios, que no os dejará ser tentados más de lo que podéis resistir, sino que dará también juntamente con la tentación la salida, para que podáis soportarla." 1 Corintios 10:13.*

Si quieres agradar a Dios no puedes vivir una vida llena de cargas, tienes que acostumbrarte a venir a los pies de Jesús y dejar tus cargas. Si ya has llegado al momento que no puedes con tantas cargas solo, el mismo Salmista David te dice:

"Echa sobre Jehová tú carga, y él te sustentará; No dejará para siempre caído al justo" Salmos 55:22.

Sustentar, quiere decir, dar de comer, proveer alimento. El no quiere verte caído. Dios te ama y quiere ver su plan cumplido por medio de ti, pero tienes que despojarte de todo peso que te asedia. Todo lo que te paraliza, te limita e interrumpe el propósito de Dios en tú vida. Hoy Dios se quiere encontrar contigo ya no es momento de fijarte en la carga que te ha sido un peso fuerte, es momento de rendirte delante de Él y reconocer que solo no puedes. Atrévete a decirle: "Ya no puedo más", que en ese momento El tomara tú carga. La palabra clave para que esto ocurra es: "Me rindo", pues cuando te rindes a El estas reconociendo que ya no puedes mas. Entonces es el turno de Dios, aquel que jamás te fallara y que te renovara como las águilas. Este es tú día tú puedes. Rendirte es hacer un acto de sumisión a EL. El camino de la promoción dependerá de tú decisión a soltar tus cargas. Probablemente no estás cargando con todas, pero una que lleves te fatigara en el camino. ¿Cuántas veces lo has intentado pero el peso de la carga es demasiado, te fatigas y te das por vencido? Pero hoy es tú día, por medio de estas páginas puedes notar el daño que te hace cada carga que llevas. ¿Cuántos gigantes hubieras podido ya haber vencido pero te encuentras fatigado? Fatigado por esas cargas que el enemigo ha puesto sobre tus hombros. Jesús sabía lo difícil que es poder vencer con cargas y le dijo a aquella multitud que lo rodeaba:

"Venid a mí todos los que estáis trabajados y cargados, y yo os haré descansar" Mateo 11:28.

El salmista David cuando abrió su corazón y confesó su pecado ante Dios, pidió rápidamente el gozo de la salvación.

"Vuélveme el gozo de tú salvación" Salmos 51:12

Se dio cuenta que vivir esclavizado te amarga y entristece. Por eso vemos tantos llamados cristianos amargados y con caras largas todo el tiempo. David nos aclara eso, el pido el gozo porque la esclavitud mata el gozo y sin gozo solo hay amargura. Lo hermoso de todo es que Dios quiere que descanses en El. Si llevas años cargando esas cargas y estas trabajado y cansado. Tengo buenas nuevas para ti, cualificas para venir a Cristo. De tantos requisitos que Cristo pudo pedir, solo pidió a los trabajados y cargados. ¡Qué lindo es Dios! Yo cualifique y hoy puedo descansar en El. Este es tú día para comenzar de nuevo. *"Por la misericordia de Jehová no hemos sido consumidos, porque nunca decayeron sus misericordias. Nuevas son cada mañana; grande es tú fidelidad. Lamentaciones 3:22-23.* Todos los días estrenamos misericordia. Tú promoción te espera. Decídete a reconocer que has sido destinado para cosas grandes en Dios. El te hace una invitación quieres crecer, progresar, lograr llegar a tú promoción, El te dice ¡Ven!

Capítulo 8

¿Quién Eres?

Mientras estudiaba mi grado asociado en la Universidad, una de las preguntas más difíciles a la que tuve que responder fue, ¿Quién yo, era? No comprendí de primera intención cual era el resultado que esperaba el profesor. Les confieso que estuve días buscando como definir en palabras quien yo era. Es vital para cada hombre y mujer saber cual es su identidad. Entre tantos millones de personas, ¿Qué me hace a mi especial? A muchos les cuesta entender que hay algo en cada uno de nosotros que nos hace especial. Mientras a consejo a personas que creen que han sido un error, les recalco que todos hemos llegado a este mundo con una misión. Entiendo que pocos han podido alcanzar su máximo potencial por falta de identidad. Identidad, se define como conjunto de rasgos o características que hacen que las personas se diferencien entre sí. En el camino a la promoción es vital conocer quien eres. Jamás podra ser promocionado si no tienes identidad propia.

Mientras hay tanta gente escandalizada porque han sido víctimas de robo de identidad. Hay hombres y mujeres de Dios que no se han percatado que el enemigo les ha robado su identidad en Dios. Los seres humanos han estado tratando de resolver su problema de "identidad psicológica", pero no se han dado cuenta de que el problema fundamental y primario es más profundo, puesto que en realidad se relaciona con su "falta de identidad espiritual". ¿Para qué fui diseñado por Dios?, ¿Por qué fui creado? Dios en el huerto del Edén creo a un hombre con identidad. Convirtió al ser humano en la única autoridad legal en la tierra. Nos creo como embajadores del reino. Nos ordeno a ejercer autoridad y señorío sobre la tierra.

"Y los bendijo Dios, y les dijo: Fructificad y multiplicaos; llenad la tierra, y sojuzgadla, y señoread en los peces del mar, en las aves de los cielos, y en todas las bestias que se mueven sobre la tierra" Génesis 1:28

No fuimos creados por el simple hecho de ocupar espacio. Como hemos venido desarrollando, Dios tiene un plan. Si así no fuera no estuviéramos aquí. El enemigo al saber que Dios estaba creando algo especial, se propuso a destruir esa creación. El enemigo comprendio que si lograba poner en duda al hombre de su propia identidad lograría oprimirlo el resto de sus días. El hombre perdio primero su identidad espiritual y la falta de identidad lo llevo a perder su posición. No puedes ocupar posición si no tienes identidad. Esto es lo que ha llevado a hombres y a mujeres a sufrir la decadencia en todos los otros aspectos de su existencia. Quieren justificar su falta de identidad culpando a otros por su incapacidad de comprender "QUIEN SOY".

La identidad de Adán provenía de Dios, por lo tanto nuestra identidad también proviene de Él. Pero su relación con Dios al ser interrumpida por el engaño, cediendo a la desobediencia llevo al hombre a perder su identidad. En el Jardín del Edén, Satanás realizo el primer robo de identidad de la historia: robo nuestra identidad logrando que el hombre cediera sus derechos legales sobre la tierra. Posicionando a Satanás (por decisión del hombre) como una autoridad.

Vemos en Génesis 3:3-5 como engaño a la mujer enfocandose en su identidad. La serpiente logro que Eva, dudara, de ¿Quién era ella? Hay muchas personas que han fracasado porque han dudado de su identidad. No dudes de lo que Dios ha dicho que eres.

"sino que sabe Dios que el día que comáis de él, serán abiertos vuestros ojos, y seréis como Dios, sabiendo el bien y el mal" Génesis 3:5.

La mujer sabia claro que ser como Dios no era parte integral de su identidad. No tratemos ser algo que no somos. Provocara un conflicto entre los intereses de Dios y los tuyos.

También en Mateo 4:2-3 intento hacer lo mismo con Jesús pero sin ningún resultado. *"Y vino a él el tentador, y le dijo: Si eres Hijo de Dios, di que estas piedras se conviertan en pan" Mateo 4:3.* Hay personas que trataran de desafiar tú identidad para provocarte actuar. Satanás sabía perfectamente quien era Jesús. Pero tienes que reconocer, como lo hizo Jesús que ceder a los caprichos del Diablo simplemente para demostrar quienes somos, no todo el tiempo es lo correcto. Estuviéramos peleando todo el tiempo en la calle, porque siempre hay un agente de Satanás provocándote a demostrar cuan hombre o mujeres eres. No sedas al los caprichos del enemigo. Satanás sigue fielmente en su misión continua atacando el área de la identidad. El mismo comprende lo importante que es para obtener la victoria tener claro quienes somos. Entre más confundido estés sobre tú identidad más claro está tú fracaso.

Cuando el hombre peca y se aparta de Dios pierde su identidad y junto con ella pierde también su propósito y su razón de ser, tuerce su destino. La comunión, que había entre Adán y Dios, se rompio. El pecado había marcado una diferencia, logro una separación. Adán ya no se parecía a su Padre. Había perdido su identidad. Dios creó al hombre con el objetivo de relacionarse con él. Las intenciones nunca fueron abandonarlo y mucho menos para que sufriera. Por encima de las funciones delegadas al hombre de Señorear y Gobernar, Dios solo queria tener una relación con el hombre. A través del panorama de la creación se nos enseña que a diferencia de las demás creaciones el hombre recibio un privilegio. Ese privilegio es ser creado a imagen y semejanza de Dios. Ese principio es muy importante recordarlo al ir desarrollando nuestra identidad. Entonces es necesaria una relación con Dios para definir; ¿Quiénes somos? El único que puede revelarnos la esencia de nuestra identidad es el creador de la misma, Dios mismo. ¿Por qué es importante esto para poder definir nuestra identidad? Porque con este principio se nos reafirma que es vital para nuestro desarrollo la relación con Dios. Que con libertad podemos presentarnos ante Dios. Privilegio que el pecado había cancelado, pero que a través de la gracia redentora fue restablecido por la sangre de Cristo. Mucho se han aprendido el mecanismo de su posición, y pretenden continuar sin una relación. A la larga se quedaran vacio, nadie puede dar lo que no tiene. Por mejor que sea la marca de una batería si pierde carga no podrá encender nada. Así mismo somos por mejor predicadores que seamos si perdemos la carga del Espíritu Santo ¡no encenderemos nada!

Es esa firme identidad que se va afirmando cada día a través de la relación con Dios es lo que nos permite enfrentar las circunstancias sin miedo. Esa identidad firme fue la que le motivo al profeta Daniel a no contaminarse con las comidas del Rey. El podía haber usado la excusa soy esclavo tengo que obedecer. Pero Daniel entendio que el tenia una identidad en Dios que nada podía comprometer. Luego se dejo lanzar al foso de los leones, por no comprometer su relación con Dios. El enemigo comprende lo importante que es para un soldado de Jesucristo conocer su identidad. Por eso en la historia del profeta Daniel, lo primero que hizo el Rey Nabucodonosor con los cautivos fue cambiar sus nombres. Aun sus nombres demostraban su identidad en Dios:

- DANIEL: Dios es mi Juez.
- ANANÍAS: El Señor ha tenido gracia.
- MISAEL: Alguien que viene de Dios.
- AZARÍAS: El Señor en mi Ayudador.

Sus nombres fueron cambiados para tratar de distorsionar su identidad:

- Beltsasar que significa "uno que pertenece a Bel"
- Sadrac que significa "mandato de Aku"
- Mesac que significa ""¿Quién Es Lo Que Aku Es?"
- Abed-nego que significa "siervo de Negó"

Eso es exactamente lo que el enemigo hace. Nos pone apodos para distorsionar nuestra verdadera identidad. Con esto afecta el autoestima. Nombres como el mudo, el ladrón, el adicto, el ambulante, el loco etc., son nombres que marcan a muchos. Impidiéndole poder restaurar su identidad. Por eso Dios al tratar con Jacob le cambio el nombre. El nombre de Jacob le dio una identidad que jamás le iba permitir promoción. Su nombre significaba "Usurpador". La palabra usurpador, significa apoderarse por la astucia de un derecho que le pertenece a otra persona. El significado de su nombre se convirtió en su identidad. Ese era el plan del enemigo, ponerte sobrenombre para que dudes de tú identidad. Pero Dios es un experto devolviendo las identidades. Dios le cambio el nombre a Israel que significa "el que lucha" y "príncipe de Dios" y a través del profeta Isaías se lo recuerda:

*"Ahora, así dice Jehová, Creador tuyo, oh Jacob, y Formador
tuyo, oh Israel: No temas, porque yo te redimí; te puse nombre, mío
eres tú. Cuando pases por las aguas, yo estaré contigo; y si por los
ríos, no te anegarán. Cuando pases por el fuego, no te quemarás, ni
la llama arderá en ti" Isaías 43:1-2*

Lo emocionante de esto es que aun Dios cambiando el nombre de
Jacob por Israel, hoy no se dice Dios de Abraham, de Isaac y de Israel.
Se sigue diciendo Dios de Jacob. En otras palabras soy tú Dios en el
período de promesa, soy tú Dios en el período de cumplimiento. Pero
aun sigo siendo tú Dios en tú peor momento. Lo que somos o sea nuestra
identidad depende de Dios mismo y en la relación que podemos establecer
con El. Lo que tú puedas lograr o alcanzar dependera que tan seguro estas
de tú identidad. Debes comprender que tú identidad debe ser un tema
importante en tú vida. Si no sabemos quienes somos, jamás habra un
destino definido para tú vida. Gracias a Dios que nuestra identidad no
depende de quienes eramos sino de quienes somos. El hombre siempre
te va a identificar por lo que eras. Pero aquel que sabe quién eres, no es
detenido por lo que el hombre dice. Nuestro enemigo se ha encargado de
distorsionar esa identidad con sus mentiras y falsas creencias, anulando
así, toda efectividad y poder en nuestra vida. Dios quiere restaurar tú
identidad hoy. Vemos hombres en la biblia que en el momento de ser
llamados no tenían identidad:

1. **Moisés**: Cuando Dios envía a Moisés a liberar a su pueblo él le responde

   "¿Quién soy yo para ir a Faraón, y sacar a los Israelitas de
   Egipto?". (Éxodos 3:11)

2. **David**: El Rey Saúl le concedería como premio a su victoria a su hija
   Mical pero David responde ¿Quién soy yo, o qué es mi vida, *o quién
   es* la familia de mi padre en Israel, para que yo sea yerno del rey?

La biblia nos habla de un hombre llamado Mefiboset. La historia de
Mefiboset nos da un panorama de como Dios restaura nuestra identidad.
Mefiboset era nieto del Rey Saúl, hijo de Jonatán. El futuro de Mefiboset
era uno estable en el palacio. Pero un día las cosas cambiaron. Podemos
recordar el triste final y muerte del Rey Saúl. La Biblia declara en el
último capítulo de 1 Samuel: 31:2

*"Los filisteos persiguieron muy de cerca a Saúl y a sus hijos, y
mataron a Jonatán, a Aminadab y a Malquisúa, hijos de Saúl"*

*Y luego leemos que "Entonces Saúl dijo a su escudero: Saca tú
espada y traspásame con ella, no sea que vengan estos incircuncisos
y me traspasen y hagan burla de mí. Pero su escudero no quiso
porque tenía mucho miedo. Por lo cual Saúl tomó su espada y se
echo sobre ella" (1 Samuel 31:4).*

Es entonces donde la identidad de Mefiboset es distorsionada por
estos tristes acontecimientos. Es allí donde comienza nuestra historia.
Mientras todo estaba calmado en el palacio la calma es interrumpida
por un mensajero que reporto la noticia de la muerte del rey Saúl y su
hijo Jonatán. La costumbre era que si el rey moría, el nuevo rey si no era
de la misma descendencia mataba toda la descendencia para asegurar
su reinado. Cuando la nodriza recibio la noticia que Saúl y Jonatán
ahora estaban muertos ella tomó al niño y huyo. Huyeron por sus vidas
pensando que seguramente David enviaría a hombres para que no dejaran
rastro alguno de la familia del rey Saúl.

En este gran intento de salvarle la vida al niño, en el apuro se le cae
el niño de las manos. Apenas de cinco años quedo lisiado de sus pies.
El futuro de Mefiboset cambio en un instante. La identidad del joven
príncipe fue distorsionada. Ahora es lisiado. El nombre de Mefiboset,
significa, el que esparce la vergüenza. ¿Qué nombre? Cada vez que lo
llamaban le recordaban que era una vergüenza. Cuantas personas hay
que han sido marcadas por una triste noticia. Porque alguien te dejo
caer y quebró tus pies. La persona más cerca de ti te marco tanto que
ya no sabes quien eres. Mefiboset fue arrancado del palacio y convertido
en un mendigo. Conduciéndole rumbo al lodebar. Lodebar, es el lugar
donde los sueños mueren, es el lugar donde la motivación por ser
promovido se troncha. Es el lugar donde se entierran los talentos, donde
los ministerios se estancan y mueren. Hasta ahí llego el príncipe. Lodebar
significa un lugar seco y árido. Lodebar está lleno de muchos Mefiboset
que han perdido su identidad. Mefiboset crecio en lo oculto, toda la vida
esclavizado por el temor.

Lodebar se convirtio para Mefiboset su hogar. Sabes lodebar, es el
lugar que llegamos cuando olvidamos quienes somos. Mefiboset había

olvidado quien era y se había conformado a vivir sin ilusiones, sin sueños ni anhelos.

Era, como aceptando el significado de su nombre, *"sembrador de vergüenza"*. *Mefiboset* vivió sin fe, sin esperanza, sin Dios. Hay muchos que creen que nunca van a salir de lodebar, que aun el mismo Dios se ha olvidado de ellos.

El tiempo pasa Mefiboset había continuado con su vida. La biblia relata que tenía un hijo. Que por causa de la falta de identidad de su padre crecio en un lugar sin sueños. Sabes que vivimos un tiempo de una generación marcada por falta de paternidad. De alguien que nos ayudara a comprender que podemos ser alguien. Tengo que agradecer a Dios por los padres que me ha dado. Me enseñaron que en Dios todo es posible. Pero Dios quería restaurar la identidad del príncipe. Un día David recordando el pacto que hizo con Jonatán pregunta:

> *"Dijo David: ¿Ha quedado alguno de la casa de Saúl, a quien haga yo misericordia por amor de Jonatán? 2 Samuel 9:1*

Trabajaba para David uno que era siervo de Saúl. El acordandose le informo al rey David que había un hijo de Jonatán que era lisiado. La gente siempre nos recordara por nuestras imperfecciones. Mefiboset había sido olvidado por la sociedad que un momento lo atendía. Su identidad había sido distorsionada. Pero el Rey se acordo. Sabes llevas tiempo escondiendo tú identidad por el temor del que diran. Piensas que jamás podras ser un ministro del evangelio por tú caída y tropiezos. Pero hoy el Rey se acuerda de tí. El Rey rápidamente lo manda a buscar a Mefiboset. Puedo imaginarme el rostro de Mefiboset cuando ve de lejos los mensajeros del Rey. Cuantas cosas pudieron haber pasado por su mente. Le invitan a ir al palacio. Mefiboset entra por las puertas del palacio, asustado, probablemente nervioso. Pero escucha unas palabras que le trajeron seguridad:

> *"Y le dijo David: No tengas temor, porque yo a la verdad haré contigo misericordia por amor de Jonatán tú padre, y te devolveré todas las tierras de Saúl tú padre; y tú comerás siempre a mi mesa."*
> *2 Samuel 9:7*

Ahora se encuentra Mefiboset frente al Rey, que por una promesa hecha a Jonatán hoy le restauraba su identidad. Pero Mefiboset llevaba tanto tiempo sin identidad que aun siendo restaurada su identidad seguía mirandose en lodebar. Dios te lleva al palacio, pero tú sigues, hablando como si estuvieras en lodebar.

> *"Y él inclinándose, dijo: ¿Quién es tú siervo, para que mires a un perro muerto como yo? 2 Samuel 9:8.*

El encuentro con el Rey le trajo resultados que le aseguraron su posición como príncipe. Cuando el Rey restaura tú identidad suceden varias cosas:

- El quita tú temor. Ya Mefiboset no tenía que temer.
- Le cambia su ubicación. Después de vivir en lodebar, ahora podía vivir en el palacio. Es reposicionado en el palacio.
- Te devuelve lo que te pertenece. Cuando dejaste a Dios, juntamente con tú identidad, el enemigo se llevo cosas que eran tuyas. Pero junto con tú identidad el Rey te regresa tus pertenencias.
- Te reserva un lugar en su mesa. Ya no tendrás que pasar hambre, porque comerás junto con el Rey.

Hoy este libro te ha servido como una invitación al palacio. Tú identidad fue robada, muchos se olvidaron de ti. Pero hoy el Rey te manda a llamar para darle un nuevo significado a tú nombre. Ya no serás "el que esparce la vergüenza" sino "el que destruye la vergüenza". Recupera hoy tú identidad y sal del lodebar que tú promoción espera.

Capítulo 9

Reprogramación Mental

*"derribando argumentos y toda altivez que se levanta contra el conocimiento de Dios, y **llevando cautivo todo pensamiento a la obediencia a Cristo**" 2 Corintios 10:5*

Después que se nos confronta con la verdad de nuestra identidad. Comienza el proceso de reprogramación. Hemos dejado claro a través de estas páginas que Dios creó en el Huerto del Edén a un hombre hecho y derecho. Adán fue dotado de sabiduría y sobre todo con la capacidad de poder relacionarse con Dios. Su mente fue programada para conocer su identidad la cual le revelaría su propósito. Pero no solo el pecado nos cubrio nuestra identidad sino que también puso un virus en nuestra mente. Nuestra mente juega un papel muy estratégico en el ser humano. Como mencionamos antes el Rey Salomón dice en el libro de proverbios que somos lo que pensamos. No podemos confundir la mente con el corazón. En el corazón guardamos nuestros sentimientos, es lo más oculto e intimo de nuestras vidas. Es en la mente que peleamos las batallas más complejas en nuestra vida. Es en la mente donde vence lo bueno o lo malo. Es en la mente donde Dios nos habla, pero también es donde somos tentados con los malos pensamientos.

"Si bien hicieres, ¿no serás enaltecido? y si no hicieres bien, el pecado está a la puerta; con todo esto, a ti será su deseo, y tú te enseñorearás de él" Génesis 4:7

Esa puerta que toca el pecado es la mente. Antes que ejecutes una acción, la tienes que pensar. Por eso es que la mente es el campo de guerra. El enemigo sabe que si controla tú mente, controla tú cuerpo, tus acciones y todas tus decisiones. Es importante estar alerta porque el pecado toca constantemente a tú puerta. La pregunta clave es ¿Cómo reprogramo mi mente? Recordando que todo comienza en la mente, pues podemos también concluir que la renovación espiritual también comienza en la mente. El Apóstol Pablo le escribe a la iglesia de Éfeso y los exhorta a renovar sus mentes.

"y renovaos en el espíritu de vuestra mente, y vestíos del nuevo hombre, creado según Dios en la justicia y santidad de la verdad."
Efesios 4:23-24

La mente es como un árbol frondoso. Que muchas aves vuelan a su alrededor con las intenciones de hacer nido. La meta debe ser no permitirles a las aves hacer nidos en nuestra mente. Esos pensamientos lanzados por el enemigo que siguen dando vueltas en nuestras mentes, tenemos que evitar que penetren en nuestras mentes. Cuando las aves hacen nido ponen huevos, y a través de esos huevos se reproducen. Entonces es importante comprender que si permites que un pensamiento entre en tú mente, ese pensamiento se va a reproducir. Abriendo camino para que los malos pensamientos afecten tú corazón. Cuando venimos a Jesús y le entregamos nuestra vida a él para servirle, nuestra alma nace de nuevo. Pero cuando hablamos de la mente ella no nace de nuevo sino que hay que renovarla. Yo, diría que es un proceso continuo. Donde a diario tenemos que renovar la mente. Por eso hay personas con muchos años en el evangelio pero sus acciones, pensamientos y aun su vocabulario siguen igual. Se justifican con la excusa de que Dios no me lo ha quitado. Es que esa parte te toca a ti personalmente renovarla y vestirte del nuevo hombre. Mientras no reprogrames tú mente jamás veras promoción. El proceso de crecimiento se paraliza. Nunca llegaras a ser un ejecutivo con mentalidad de sirviente. Nunca será rico con mentalidad de pobre. Nunca serás un vencedor con mentalidad de perdedor. La mentalidad del mundo solo nos inspira fracaso y pérdidas. Por eso una de las cargas que hable en el capítulo 6 es la mente negativa. Esto es resultado del pecado. Adán sabía lo que él era capaz de hacer, y no había duda porque su mente no tenía un virus. Este libro llamara la atención a usted como lector porque anhelas tener promoción en Dios. Pero para tú ser promovido necesitas una mentalidad de conquistador. Mentalidad es tú modo de pensar, es lo que determina como interpretamos y respondemos a la situación. En muchas ocasiones, no es importante lo que este enfrentando, si no como tú decidas responder a la situación. De acuerdo al tipo de mente que tienes así vas a responder. Son esos los momentos que determinan si tienes una mente renovada o necesitas el antivirus o sea una sustancia que se opone al desarrollo de los virus, en este caso la sangre de Cristo para ser reprogramado a ser un conquistador.

A través del pueblo de Israel vemos un pueblo con una mente castrada. No solo en el pentateuco, vemos un relato triste de Israel. Más de 1500 años de historia, 39 libros, Dios intentando con Israel para que reprogramaran sus mentes. A causa de su mentalidad pecaminosa padres tuvieron que resignarse a no volver a ver sus hijos porque fueron llevados esclavos por un Rey, de otra nación. Ver sus hijas ser llevadas lejos. Hoy leemos esas historias y muchos dicen que tercos. Pero si miramos bien la historia se repite. Estamos en una generación que no quieren cambiar su manera de pensar. Vemos hijos y padres llevados cautivos por las drogas y el alcoholismo. Nuestra generación se conforma con toda esta crisis. ¿Dónde están los hombres y mujeres que tienen una mente renovada y saben perfectamente que pueden hacer la diferencia? ¿Qué no tenemos que conformarnos con la crisis, que hemos sido posicionados para este tiempo? Los que entienden que Dios nos entregara a nuestro enemigo en nuestras manos. Israel, fue confrontado por Dios, profeta tras profeta traían un antivirus mental, pero ellos los mataban. Por eso Jesús lloro ante Jerusalén y le dijo:

> *"¡Jerusalén, Jerusalén, que matas a los profetas, y apedreas a los que te son enviados! ¡Cuántas veces quise juntar a tus hijos, como la gallina junta sus polluelos debajo de las alas, y no quisiste!*
> *Mateo: 23:37*

Es necesario comprender que una nación no es grande por el tamaño de su territorio, ni por sus pertenencias, sino por la manera de pensar de su gente. Nuestra manera de pensar es la clave para la promoción. Si David hubiera dejado que la circunstancia infiltrara el virus en su mente no hubiera vencido a Goliat. Hay gente que no se dan cuenta que tienen sus mentes infectadas con el virus. Pero hay forma de como darse cuenta por la característica de la persona. Una mente contaminada no tiene identidad, es rebelde, murmurador, mediocre, no tiene sueños, habla pequeño, se justifica como víctima de la circunstancia y siempre está mirando al pasado, nunca hacen nada pero se la pasan criticando al que hace. Esa es la meta del enemigo a que desees volver a ser el perdedor de antes. Pero una mente reprogramada sueña en grande, tiene visión, es determinada, tiene actitud positiva, es valiente, tiene corazón de guerrero y se convierte en campeón. Recuerda, que no basamos nuestra vida, en lo que nosotros pensamos, sino por lo que Dios dice que somos. Entonces queda claro, que cuando una persona nacida de nuevo sigue con actitudes o hábitos, que la palabra de Dios condena el problema está en su manera de pensar. Nuestros pensamientos tienen que alinearse con los de Dios. Sabes, porque hay problemas que no se pueden corregir. Porque no podemos corregir un problema, con la misma manera de pensar que género el problema. Si tú mente distorsionada te llevo a reaccionar de una manera incorrecta, ahora enfrentas consecuencias. Tienes que reprogramar tú mentalidad antes de intentar corregirlo. El Apóstol Pablo se lo advirtió a la iglesia de Éfeso:

"Esto, pues, digo y requiero en el Señor: que ya no andéis como los otros gentiles, que andan en la vanidad de su mente"
Efesios 4:17

Es imposible, que alguien que viva bajo la vanidad de la mente, logre a conquistar bendiciones y mucho menos entender cual es su propósito. La meta del enemigo es y seguirá siendo interrumpir nuestra comunión con Dios. Para comenzar el proceso de renovación, desecha todo pensamiento que vaya en contra de la palabra de Dios. Esos pensamientos que te dirigen al pecado. Que invaden tú mente al extremo de desenfocarte de Dios. Por más difícil que se vea, Dios siempre está dispuesto a ayudarte. La biblia dice:

"Forjad espadas de vuestras rejas de arado y lanzas de vuestras podaderas; diga el débil: Fuerte soy" Joel 3:10

Aléjate de todo lo que pueda desviar tú pensamiento. Ya sea una mirada, páginas de internet, amistades, esas cosas que tú sabes que a Dios no le agrada. No provoques la tentación. Examina los pensamientos y echalos fuera en el nombre de Jesús. Tú promoción ha sido atrasada por tú manera de pensar. Hoy Dios te dice, desecha los pensamientos que acomodan el pecado. Desecha los pensamientos que te esclavizan. En Jesús esta la libertad, solo clama a Él y El responderá.

"Clama a mí, y yo te responderé, y te enseñaré cosas grandes y ocultas que tú no conoces. Jeremías 33:3

Jesús les advirtió a los hombres y les dijo:

"Mirad, **GUARDADOS** *de la levadura de los **fariseos** y de los saduceos" Mateo. 16:6*

¿A qué se refería Jesús? La levadura, se añade en el pan para que aumente en tamaño. Jesús, uso la levadura, para explicar que todo lo negativo que entra en nuestras mentes se reproducira. No simplemente en nosotros sino en aquellos que nos rodean. Tú negatividad, contamina tú descendencia. Es muy importante saber a quien le estamos prestando atención. Que está entrando en nuestras mentes. Quienes están aconsejandonos en momentos de decisiones. Esos malos pensamientos se convierten en argumentos ¿Qué son argumentos? Es todo lo que el enemigo envié a tú mente en contra de lo que Dios ha dicho. En este caso hemos dejado claro que tú eres un candidato a la promoción. Estoy seguro que si tienes este libro en las manos no es coincidencia. Es porque Dios tiene un plan para tú vida y a través de este libro lo estas descubriendo. Tan pronto has leído lo revelado en este libro el enemigo comienza a bombardear tú mente. Eso no es para ti. Tú no lo vas a lograr. Eso es exactamente un argumento que quiere hacer nido en tú mente. Esa es la levadura de los fariseos que quieren detener tú promoción. Entre más pensamientos negativos hay en tú mente menos espacio hay para lo positivo. El enemigo tiene muchos fariseos a nuestro alrededor listos para crear argumentos, con el solo objetivo de llevarte a dudar de lo que Dios a determinado para tú vida. Eso argumentos provocan confusiones que esclavizan. A tal grado que nunca llegamos a creer lo suficiente en lo decretado por Dios como para dar el primer paso.

El Apóstol, también usa el termino fortaleza. ¿Qué es una fortaleza? Es un lugar fortificado para resistir ataques. Estas fortalezas del enemigo se convierten en una cárcel. Para comenzar el proceso de liberación necesitamos remover, extirpar, arrancar, todo lo que el enemigo haya sembrado en nuestra mente. Estas fortalezas, pueden ser ideas que el enemigo use para gobernar a una persona. Por ejemplo, un adicto a las drogas. Esa fortaleza del enemigo lo mantiene consumiendo droga. Esa idea en su mente que no puede romper el vicio. Pueden estar dos o tres días bien pero vuelve la idea de consumir drogas. Su mente es bombardeada por ese pensamiento, despertando la ansiedad. Siempre y cuando esa fortaleza del enemigo este de pies viviras bajo ataque. Muchos se sienten incapaces de salir. Pero el Apóstol Pablo le hace consiente que eso es mentira. Las instituciones de rehabilitación, enseñan que una vez adicto, toda la vida lo seguiras siendo. Pero yo te digo que eso es mentira Dios te transforma y te cambia. Tú no estás solo. Tenemos suficiente armamento espiritual para derribar las fortalezas del enemigo. Esas armas están a nuestra disposición. Puedes reprogramar tú mente. Comienza hoy A DERRIBAR FORTALEZAS.

Capítulo 10

Los Tres errores

Mientras trabajaba en una distribuidora de agua purificada. Entre a una oficina y vi un letrero que decía "The 3 reasons for failure, I didn't think, I didn't see, I didn't Know" "Las 3 razones del fracaso, no pense, no vi, no sabía". El Espíritu Santo, me trajo una revelación. Me dijo sabes que estas son las razones por lo cual mi pueblo fracasa. Quiero desglosar un poco estas tres excusas. Hay un refrán muy famoso que dice, "Desde que se inventaron las excusas todo el mundo queda bien". Una excusa es un argumento que se da para justificar algo. Aceptemos nuestro error y enmendemos para que podamos ser promovidos. En este camino a la promoción es necesario saber, ver y pensar. Tres atributos humanos que muchos poseen, pero no le dan uso. En este capítulo desglosare estos tres simples errores que le han robado a mucho su lugar en el palacio.

I. El no pensar:
A través de los capítulos anteriores hablamos acerca de la mente. De pensamientos negativos y como reprogramar nuestra mente. En mi opinión es muy importante el tema de la mente. Como mencione anteriormente es el punto estratégico de todo ser humano. El que tenga el control de la mente tiene las de ganar. Nuestro celebro pesa algunas 3 libras. La mente recibe aproximadamente diez mil pensamientos al día. Todos nuestros actos fueron los resultados de nuestros pensamientos e ideas, sean buenas o malas. Para los científicos y psicólogos es un misterio todo el proceso del pensamiento. Lo que si tengo claro en mis años de ser hijo de Dios, es que mi manera de pensar marcara la diferencia en mi crecimiento espiritual. En la mente se originan todos los planes. El problema no es el resultado de un déficit de pensamiento. Porque pensamientos llegan sin falta. Es en lo que tú estás pensando. Lo que dejamos quedarse en nuestras mentes determina lo que expresamos con palabras y acciones.

"Por lo demás, hermanos, todo lo que es verdadero, todo lo honesto, todo lo justo, todo lo puro, todo lo amable, todo lo que es de buen nombre; si hay virtud alguna, si algo digno de alabanza, en esto pensad" Filipenses 4:8

Todo ser humano cuenta con tres fuentes de pensamiento:

1. Nosotros.

Hay pensamientos que son provocados por nosotros mismos. El hombre enamorado piensa en su amor. Porque ella, está en su corazón. Creamos pensamientos de acuerdo en aquello que está en nuestro corazón.

2. Espíritu Santo.

El Espíritu Santo es una fuente de pensamientos. Crea pensamientos cuando revela su palabra en nosotros. Cuando escuchamos su voz en lo más íntimo de nuestra alma.

3. Satanás.

Los demonios y el mismo enemigo es el autor de muchos de nuestros pensamientos. Los pensamientos que son infiltrados por el enemigo tienen el único objetivo de desenfocarnos de lo que es importante.

"Pero él, volviéndose, dijo a Pedro: Quítate de delante de mí, Satanás!; me eres tropiezo, porque no pones la mira en las cosas de Dios, sino en las de los hombres" Mateo 16:23

Una de estas tres fuentes, esta predominando en tú mente. Satanás, a cada instante busca la forma de desenfocarte con pensamientos negativos. El Espíritu Santo, también envía pensamientos positivos. El problema es ¿A quién le estas dando acceso a tú mente? No es que los pensamientos malos no lleguen, eso no podemos evitarlo. Son dardos del enemigo que son enviados con frecuencia. Lo que haces con ese pensamiento es lo que te lleva a vencer o a fracasar. Cada hombre y mujer de Dios que este enfrentando una situación, sera atacada por el enemigo para lograr que te rindas. Pero si mantienes tú mente pensando en lo que el Espíritu Santo te ha dicho, la victoria será tuya.

¿Cómo vencemos la guerra de pensamientos? Muchas personas que están siendo inundadas de pensamientos se sienten impotente ante los ataques. El enemigo se aprovecha de nuestra debilidad para sacarnos ventaja. Pero Dios nos ha dado armas para guerrear. La respuesta a esa pregunta es la siguiente, usando nuestras armas de guerra:

1. La palabra de Dios.

Jesús, fue nuestro ejemplo en su combate en el desierto con el diablo. Contra todo ataque, Jesús lanzo la palabra.

> *"Pero él respondió, diciendo: Escrito está: "No sólo de pan vive el hombre, sino de toda palabra que sale de la boca de Dios."*
> *Mateo 4:4*

Jesús le contesta derribando todo argumento con la Escritura: "Está escrito." La palabra de Dios pone fin a toda discusión. Por eso, como embajadores nuestro enfoque no es nuestras opiniones sino la palabra de Dios. Por eso hay tanta confusión en el pueblo de Dios. Tantos predicadores hablando sus opiniones. Olvidemos las opiniones y digamos como Jesús "Escrito Esta". Entonces vencemos acudiendo a la verdad que es la que nos hace libre. El enemigo ataco la identidad de Jesús, desafiandolo a convertir las piedras en pan. A veces somos desafiados para demostrar nuestra hombría y se nos olvida que es una trampa. Les aseguro que Satanás, sabía que aquel Jesús, era el hijo de Dios. El asunto no era si El podía convertir las piedras en pan. El enemigo estaba buscando que Jesús usara su poder como Dios para vencer. Recuerde que por un hombre entro el pecado y por un hombre tenía que entrar la salvación. Jesús vencio los pensamientos con la palabra. Comienza atacar al enemigo con la palabra de Dios, que es viva y eficaz.

2. La oración.

La oración, es una arma poderosa. Tanto que la palabra nos manda a orar en todo tiempo. Una vida de oración, es la clave para la victoria. Jesús en sus días, en la tierra sacaba tiempo para hablar con su Padre. Su vida es nuestro mejor ejemplo, que aun el siendo Dios mantuvo una relación con su Padre. Mientras muchos se preocupan de dejar saber que oran 2 ó 3 horas al día. Creo que más que el tiempo, lo importante es la efectividad de tú oración. De que vales que estés 10 horas de rodilla y no veas resultado. Procura que tú oración sea efectiva. Mientras muchos han hecho de la oración una metodología. Si no oras de esta forma, tú oración no sirve. Dan una lista de exigencias para que tú oración sea escuchada. Si algo he aprendido en mi relación con Dios, es que no es la elocuencia, ni mi fraseología, lo que va conmover a Dios. Es con la sinceridad de corazón con que yo me presente a Dios. Sabes, hay veces que el problema está tan grave que las palabras no nos salen y solo podemos llorar ante Dios. Eso no hace mi oración menos. La biblia dice, que el Espíritu Santo intercede por nosotros con sonidos indecibles.

> *"Cuando llegó a aquel lugar, les dijo: Orad que no entréis en tentación. Y él se aparto de ellos a una distancia como de un tiro de piedra; y puesto de rodilla, oraba diciendo: Padre, si quieres aparta de mí esta copa; pero no se haga mi voluntad, sino la tuya. Y se le apareció un ángel del cielo para fortalecerle. Y estando en agonía, oraba más intensamente; y era su sudor como grandes gotas de sangre engrumecidas que caían sobre la tierra" Lucas 22:40-44*

Jesús en su momento más crítico, donde pudo visualizar su trayectoria al calvario, oro. Les aconsejo a sus discípulos que si no querían entrar en tentación que oraran. Dejando claro que la oración es clave y si va reforzada con el ayuno lograremos que este género salga.

> *"Pero este género no sale sino con oración y ayuno" Mateo 17:21*

3. La Alabanza.

Considero que vivimos en un tiempo donde necesitamos más adoradores en posición. El enemigo sabe que estamos viviendo en tiempos de la lluvia tardía. El, en su plan antagónico ha posicionado su ejército, para obstaculizar el avivamiento. Entonces el ejército de Dios o sea los adoradores, tienen que también ponerse en posición de guerra. Para abrir paso al avivamiento. La alabanza cambia la atmosfera y abre los cielos. El adorar al Rey, en un acto de exaltación a Él y no al adorador, le llama la atención al Rey. ¿Por qué especifico al Rey y no al adorador? Porque creo que se ha convertido más bien en una competencia a ver quien logra a provocar más alabanza. Después que entregan la parte son los primeros que se mantienen en silencio o se dedican a hablar con el que le queda al lado. El verdadero avivamiento, no es que todo el tiempo la Iglesia necesite que el pastor les dé manigueta para que se activen. Creo que hay

Iglesias encerradas en un ciclo mental. Donde ya están tan acostumbrados a un sistema de adoración, donde si no es el pastor en el altar provocando no adoran. Todo el devocional se va en blanco, mitad de servicio como sepulcros blanqueados. En espera que el pastor los avive. La alabanza debe de fluir sin ayuda de un motivador. La única motivación que yo necesito para adorar a Dios, es saber que él murió por mí en la cruz del calvario.

Cuando hay un verdadero avivamiento, ya desde antes del pastor tomar la parte para administrar ya la gente se está sanando y convirtiendose a Cristo. Aunque no han levantado su mano o pasado al altar para recibir la oración, ya han sido llevados a una convicción de arrepentimiento. La alabanza, crea un ambiente de rompimiento y arrepentimiento. Entiendo la unción que ha sido depositado sobre la cabeza o el líder. Con esto no pretendo argumentar le recuerdo que yo también soy pastor. Pero permítame darle un ejemplo, en un matrimonio si la esposa ve que su marido le compra rosas porque alguien lo motivo y toda ocasión tiene que ser motivado. Cree usted que ella no va a decirte, sino te lo recuerdan o no te motivan no lo haces. Creo que a ella le gustaría más que su motivación fuera ella misma. Aunque la acción es correcta no obtiene el mismo resultado. Así mismo es Dios, el quiere ser tú motivación para que le alabes. Imagínese, una Iglesia que se acostumbre a danzar y hablar en lenguas simplemente cuando el líder esta en el micrófono. ¿A quién están agradando? Muchos citan la biblia cuando dice "esfuérzalos para que entren". Pero si ese es el caso pues entran y salen. Nunca empiezan a tener una vida de adoración. Porque todos los días hay que esforzarlos a entrar en la adoración. La adoración, es un estilo de vida. No creo que sea el avivamiento que ningún pastor debe esperar para su Iglesia. Creo que el avivamiento en la iglesia debe manifestarse por la calidad de adoradores que hay y no por la persistencia de un motivador.

Me encanta que Jesús puso el tema de la alabanza con una mujer samaritana, su fama no era muy buena. El tema no salio con sus discípulos, ni mucho menos con los líderes religiosos de ese tiempo. Es importante entender el poder detrás de la alabanza.

"Mas la hora viene, y ahora es, cuando los verdaderos adoradores adorarán al Padre en espíritu y en verdad; porque también el Padre tales adoradores busca que le adoren. Dios es Espíritu; y los que le adoran, en espíritu y en verdad es necesario que adoren" Juan 4:23-24

Esa hora es la que anhelamos. Donde los verdaderos adoradores, adoren en espíritu y en verdad. Sea en su trabajo, supermercado, en la cita médica donde sea. Para que el avivamiento comience en nuestra vecindad. Así, comienza a adorar a Dios en todo momento. Ahora, si observamos bien hay un dilema, la hora viene y la hora es. Entonces, me pregunto viene o es. Suena contraproducente, es o viene. Sabes, el Espíritu depósito esta palabra en mi espíritu. La hora viene para los que se decidan adorar, pero los que ya estamos adorando la hora es. Lo que le cuesta tiempo al que no adora, se acelera para el adorador. ¡Gloria a Dios!

¿Qué es Adorar? Adorar es más que repetir las frases aprendidas "Aleluya", "Gloria a Dios", "El vive". Para muchos ese es el mecanismo del servicio. He llegado a creer que hay personas que nunca han adorado a Dios de verdad. Usted cree que es imposible. Le pregunto a usted lector ¿qué significa, "Aleluya"? Muchos no saben el significado. La llevan diciendo por décadas, pero solo la repiten. No puedes expresar algo que no conoces. Te lo voy a decir, significa, Alabad a Yahvé" o "Alabado sea Yahvé". Alabar a Dios es exaltarlo a Él. Al extremo de desconectarnos de todo y disfrutarlo a Él. Va más allá de una frase rutinaria. Es llamar la atención de Dios. La Clave es adorarlo, no por lo que hace, sino por quien él es. Por eso hay muchos que solo adoran en las buenas y en las malas guardan silencio. Mi adoración no es el producto de lo que tengo, sino el resultado de mi enamoramiento del Rey. Marcos Barrientos, en su canción, Jesús mi fiel amigo, le pide a Dios que lo lleve al lugar donde tenga que callar para escucharle hablar y donde todo es realidad. La alabanza te lleva a ese lugar. La biblia nos relata la historia de Pablo y Silas. Fueron arrestados por predicar. El propósito del enemigo era opacar el evangelio. La biblia dice, que fueron puestos en lo más profundo del calabozo. Después de azotarlos los encadenaron. Muchos hubieran callado pero el que adora a Dios por su soberanía, no se calla antes la circunstancia.

"Después de haberles azotado mucho, los echaron en la cárcel, mandando al carcelero que los guardase con seguridad. El cual, recibido este mandato, los metió en el calabozo de más adentro, y les aseguró los pies en el cepo. Pero a medianoche, orando Pablo y Silas, cantaban himnos a Dios; y los presos los oían"
Hechos 16:23-25

Los habían metido a la cárcel para silenciarlos, pero ellos no pensaron en lo negativo. Aun, en su situación se encontraban adorando a Dios. Sus alabanzas, provocaron un terremoto. Ese terremoto abrio las celdas no solo las de ellos, sino también la de los presos que estaban allí. Entonces, podemos decir, que mi adoración en mis momentos oscuros no solo me ayuda a mí, sino que a través de mi adoración cambio la atmosfera para todo el que me rodea. Ahora ves lo que provocas cuando adoras. Cuando tú adoras tú cárcel se abre, tú situación cambia y se rompen las cadenas. En vez de quejarte, alaba. Con quejas, no se logra nada, pero con una alabanza, se estremecen los cielos.

"Entonces sobrevino de repente un gran terremoto, de tal manera que los cimientos de la cárcel se sacudían; y al instante se abrieron todas las puertas, y las cadenas de todos se soltaron"
Hechos 16:26

Lo que el diablo utiliza para mal, Dios lo utiliza para glorificarse. Hasta el carcelero de Filipo, se convirtío a Cristo. En medio de tú crisis sigue adorando que viene un rompimiento. Ya sabes, uno de los errores es no pensar o pensar en cosas negativas. Así que vence tú pensamiento, mírate al espejo y mira al campeón que hay en tí.

II. El no saber

A través de este libro dejamos claro que hay un propósito para tú vida. Que solo llevando a cabo ese propósito, llegaras a tú promoción. El segundo error es, el no saber. Muchos ignoran lo que Dios quiere hacer, por eso fracasan. Mientras estudiaba mi octavo grado, tenía una maestra que todo los días nos decía "Knowledge is the key to success" "El conocimiento, es la llave del éxito". La Biblia lo dice de esta forma:

"Mi pueblo fue destruido, porque le faltó conocimiento. Por cuanto desechaste el conocimiento, yo te echaré del sacerdocio; y porque olvidaste la ley de tú Dios, también yo me olvidaré de tus hijos" Oseas 4:6

El conocimiento, acerca de lo que Dios te ha dicho marcara tú destino. Muchos embarcan hacia un destino incierto, lleno de dudas y confusiones. La peor decisión que alguien pueda tomar es lanzarse hacer algo sin tener convicción sobre el asunto. Muchos se han lanzado a algún ministerio sin estar seguros que eso es lo que Dios tiene planificado. Después de años se encuentran frustrados y sin frutos. Por no saber o no estar seguro de lo que iban hacer. Creo que puedo hablar por cada ministro del evangelio que tiene convicción de lo que hace, que si todavía estamos en pie de guerra es, porque no hay duda que Dios nos ha puesto ahí. Por cuanto sabemos cual es el diseño de Dios para nosotros, seguimos peleando.

La biblia narra, que Jesús les dio una palabra a los discípulos. Pasemos al otro lado. La expresión, "Al otro lado", está dejando claro un cambio de posición. Hay esta nuevamente la palabra "CAMBIO". Quiero que entiendas que cada promoción, te reposiciona. Cada posición, tiene su esfera donde ejercer autoridad. Cada cambio de posición en este caso promoción, será interceptado por un ejército de enemigos. Pero tienes que saber, tener el conocimiento de tú destino profético. Si no hubiera sido por la palabra que Dios hablo a mi vida no estuviera de pies. Este libro no estuviera en tus manos. Pero para los que SI SABEN, no se dejan intimidar. El conocimiento, es la clave de tú destino. Cuando el diablo te dice, te mato, el que sabe dice:

"No moriré, sin que viviré y contare las obras de Jah" Salmos 118:17

Mientras muchos se estancan y se acobardan. Nosotros decimos, no podemos detenernos, porque me están esperando al otro lado. Mi promoción, mi milagro, la restauración de mi familia me esperan al otro lado. El problema de muchos es, que se preguntan por qué el enemigo se levanto. Porque el, también escucho la palabra que se decreto a tú favor. Su peor problema es que sabemos, cual es nuestro destino. El sabe que tú crisis, tú enfermedad, tus problemas financieros o familiares no te quitan tú motivación, porque sabes para donde vas. La ignorancia lleva al fracaso. Crece en conocimiento, asesorate con el Espíritu Santo; El te va a dar la sabiduría. No seas del grupo de los que no saben. Por eso los ataques contra mi integridad y carácter no me afectaron, porque yo se quien soy en Dios. No me ahogue, en la desesperación, porque yo conozco el decreto del Rey sobre mi vida.

III. El no Ver

El tercer error es la falta de visión. La persona más pobre en el mundo no es la que no tiene donde vivir, o que va a comer. Es aquella que no tiene un sueño o una visión. Ahora hay personas frustradas porque tienen una visión y no saben como hacerla realidad. Tener visión es fundamental, en el desarrollo y cumplimiento de nuestro propósito. Propósito es, cuando usted conoce para que nació. Visión es, poder ver a través de la fe su propósito realizado. La visión nace cuando podemos creer a tal extremo que ya lo puedes ver. Es cuando anhelamos algo de comer que se nos hace la boca agua y lo podemos saborear. Dios quiere que comiences a saborear tú victoria. Que comiences a ver el cumplimiento de lo que Dios te ha dicho. Una cosa es pensar en el milagro, otra es saber que hay un milagro de camino. Pero cuando somos visionarios, lo podemos ver. Dios nos llama a ser visionarios. A través de la visión espiritual, podemos ver todo desde la perspectiva divina. Si le preguntamos a los deportistas famosos, te pueden decir que en un momento en su niñez cuando jugaban, podían verse en un estadio siendo estrellas de ese deporte. Podían montarse en una aventura y ver desde antes lo que anhelaban. Recuerdo en mi niñez, que en mi cuarto predicaba y me veía parado al frente de multitudes. Tienes que poder ver lo que Dios te ha dicho. El escritor del libro de los hebreos, nos dice;

"Por la fe dejó a Egipto, no temiendo la ira del rey; porque se sostuvo como viendo al Invisible" Hebreos 11:27

"Es, pues, la fe la certeza de lo que se espera, la convicción de lo que no se ve" Hebreos 11:1

Certeza, es conocimiento seguro de la verdad. Convicción es, convencimiento. Moisés estaba tan seguro de la verdad y convencido de ella que camino como viendo a Dios. El poder ver lo que Dios nos ha dicho marca el destino. Salomón, lo describió así:

"Cuando no hay visión, el pueblo se desvía; ¡dichoso aquél que obedece la ley! Proverbios 29:18 (RVC)

Cuando no hay un retrato claro para donde vamos hay desvíos. Esos desvíos, son los que causan graves fracasos. Hay que entender que cuando Dios decreta algo sobre tú vida, ya en la eternidad, en su esfera ya fue ejecutado.

"que anuncio lo por venir desde el principio, y desde la antigüedad lo que aún no era hecho; que digo: Mi consejo permanecerá, y haré todo lo que quiero; que llamo desde el oriente al ave, y de tierra lejana al varón de mi consejo. Yo hablé, y lo haré venir; lo he pensado, y también lo haré" Isaías 46:10-11

Aquí vemos dos principios. Primero, el establece el fin antes del principio. Antes de manifestar el comienzo en lo natural, ya lo espiritual esta culminado. Segundo, El nos revela, los resultados finales de algo cuando apenas comienzan en ti. Por eso cuando llama a alguien, que apenas se convirtio le dice, "te entrego las naciones", cuando aún no ha conquistado su vecindad. Hay que entender que el revela el fin para motivarte a luchar. Recuerdo a los 12 años de edad, comencé a trabajar con mi papá, en las vacaciones de escuela. Trabaja como contratista, remodelando casas. Recuerdo entrar por casas destruidas, y escuchaba a mi papá, decir que casas lindas. Yo miraba ignorantemente y decía dentro de mí. Papi se volvió loco, si esto está de pegarle fuego. Un día mientras veíamos una casa, me dijo algo que se ha quedado conmigo. Me dijo, "Es que yo miro el resultado final", hay entendí que él las estaba mirando diferente a como yo la veía. Su pasión por el trabajo lo llevaba a ver un producto terminado. Había una visión diferente. Mientras yo miraba el presente, el miraba el resultado final. Es esa visión, del resultado final, la que te lleva a mirar el potencial de bendición que hay en cada situación. El diablo te dice, mira como estas, no sirves. Dios te mira y te dice si sirves. Porque Dios mira el resultado final. Cuando un arquitecto comienza a dibujar, es porque ya en su mente tiene un retrato mental. El Apóstol Pablo dijo:

"El cual da vida a los muertos, y llama las cosas que no son, como si fuesen." Romanos 4:17

Nosotros no somos un experimento, mira con certeza a lo que Dios va hacer, como si ya estuviera hecho. Estos tres errores han provocado el fracaso de muchos. El profeta Isaías nos dice en el capítulo 55, verso 9; *"Como son más altos los cielos que la tierra, así son mis caminos más altos que vuestros caminos, y mis pensamientos más que vuestros pensamientos"*. Pero el Apóstol Pablo nos dice, *"Mas nosotros tenemos la mente de Cristo"* *1 Corintios 2:16*. Entonces por medio del nuevo nacimiento, nuestra mentalidad es transformada para poder pensar positivo como Cristo. Entonces comienza a pensar diferente, a ver por fe lo que no es y a crecer en conocimiento.

Capítulo 11

Hombres con un legado

A través de cada capítulo he confrontado tú deseo de ser promocionado. Recuerda muy bien que no es solo hacer lo correcto, es importante hacerlo con las motivaciones e intenciones correctas. Cada hombre y mujer de Dios que logra posicionarse dentro de la planificación divina, logrando alcanzar sus metas, desarrollando su propósito deja un legado. Un legado es, una herencia o enseñanza o reputación dejada después de la muerte. Hay dos tipos de personas los que leen la historia y los que hacen historia. Los hombres y mujeres que se han conectado al plan maestro hacen historia. Si hoy fuera tú último día de vida, ¿Cómo serás recordado?, ¿Qué lograste?, ¿A quienes impactaste?, ¿Qué has hecho por el reino de Dios? Son preguntas que cada ministro debe de hacerse. El Apóstol Pablo, en su segunda epístola a Timoteo, en lo que fue su despedida, sabiendo que ya sus días estaban contados, mostro una satisfacción, en lo que había emprendido.

"He peleado la buena batalla, he acabado la carrera, he guardado la fe.

Por lo demás, me está guardada la corona de justicia, la cual me dará el Señor, juez justo, en aquel día; y no sólo a mí, sino también a todos los que aman su venida" 2 Timoteo 4:7-8

El Apóstol Pablo sabía que había hecho historia. Había dado el todo por el todo. Ahora dejaba su legado a sus hijos espirituales, de un trabajo realizado pero que tenía que continuar. El Apóstol Pablo estaba en paz aun en su muerte por que había cumplido su propósito en la tierra. A pesar de todos los percances, tribulaciones y todo lo que enfrento no se dejo intimidar. Siguió luchando sin rendirse. Por eso como mencione anteriormente en esta carta, a Timoteo le dio palabras de motivación para seguir luchando. En ninguna de sus palabras había temor, aunque se encontraba preso esperando la muerte. No dejo que las crisis que lo rodeaba lo limitaran, siguió cumpliendo su misión. Es importante que comprendas que los que vencen son los que siguen luchando. Aunque parezca que no vale la pena y el panorama nos diga tienes las de perder, no hagas caso, lucha con todas tus fuerzas. Caíste a la lona párate y sigue luchando. Los mejores campeones en un momento en su vida tocaron la lona, pero no se rindieron. Perdiste una batalla, no importa la guerra continua.

Dentro de toda la historia que podamos hacer y la reputación que puedas tener. Hay algo que impacto mi vida. Que el hombre mantenga tú legado vivo es impresionante. Pero que sea Dios el que lo haga eso de verdad lo lleva a otro nivel. La biblia dice:

"si estuviesen en medio de ella estos tres varones, Noé, Daniel y Job, ellos por su justicia librarían únicamente sus propias vidas, dice Jehová el Señor" Ezequiel 14:14

En medio de una situación pecaminosa, donde Israel estaba en actos abominables. Dios se recuerda de tres hombres, Noé, Daniel y Job. Jerusalén, estaba en pecados graves. Dios le revela al profeta Ezequiel toda la sitúación. El pueblo había perdido el respeto y la reverencia a Dios. Los sacerdotes habían olvidado su compromiso con Dios. El templo se había convertido en un centro de abominación. El estado de la nación era repugnante a Dios. La gloria de Dios había abandonado el templo. Pero en medio de toda esta crisis, Dios trajo a su memoria tres nombres. Impresionante, Dios recordó la justicia de estos hombres. Fueron hombres que no solamente dejaron un legado en la tierra si no que también en el cielo. ¿Qué de especial tenían estos hombres?, ¿Cómo marcaron la historia?, ¿Por qué Dios se acordaba de ellos? El Apóstol Pablo le dice algo en el libro de Efesios, que nos da una clave.

*"porque el fruto del Espíritu es en toda bondad, justicia y verdad, **comprobando lo que es agradable al Señor**" Efesios 5:9-10*

El primer y más importante factor, en la vida de estos hombres, fue conocer lo que a Dios le agrada. No podremos ser promovidos si no aprendemos a conocer el corazón de Dios y no podremos conocer sus secretos a menos que El los revele. La biblia dice, *"Porque no hará nada Jehová el Señor, sin que revele su secreto a sus siervos los profetas" Amós 3:7.* Dios quiere revelarse, pero tú tienes que ponerte en posición para recibir la revelación. Cada nivel de revelación, te lleva a otra dimensión o sea te promueve. Permiteme revelarte a través del legado de estos tres hombres, porque fueron recordados por Dios.

I. Noé:
Este gran hombre vivió en un tiempo donde la maldad y el pecado sobreabundo. Había mucha depravación, el hombre se corrompio en exceso.

> *"Y vio Jehová que la maldad de los hombres era mucha en la tierra, y que todo designio de los pensamientos del corazón de ellos era de continuo solamente el mal" Génesis 6:5.*

Pero en medio de todo ese ambiente de bancarrota moral, Noé agrado a Dios. Dios miraba al hombre y por su estado pecaminoso lo llevaba a arrepentirse de haberlo creado, pero al mirar a Noé su corazón cambiaba. Noé tenía una relación con Dios. Toda relación tiene que incluir amor. Cuando hablo de amor me refiero a ese sentimiento de pasión. Es ese sentimiento que cuando tienes un día pesado y ves a tú compañero/a y ella o el te hace olvidar lo pesado del día. Así pasaba cuando Dios miraba a Noé. No todo estaba perdido, de Noé podía salir una generación de justos. Dios le dijo al pueblo a través del profeta Oseas que él no quería sacrificio si no su amor. Esa relación produjo confianza. Esa facilidad de creerle a alguien. Los que tenemos una relación con Dios, creemos a sus promesas. Dios le dijo a Noé, sabes que necesito que me construyas un arca y que lo llenes de animales. ¿Qué? Imagínese la cara de Noé. Había tres problemas en este mandato:

1. Noé nunca había visto llover.
2. Vivía muy lejos del Océano más cercano, no iba poder transportar el arca.
3. Como iba a comunicarse con los animales.

Pero la confianza nos lleva a la obediencia. La obediencia es cumplir con la voluntad de otro. ¿Si Dios te pidiera un arca, que harías? Nuestra obediencia nos acerca más a Dios que una vida de discusiones bíblicas. Noé obedeció, aproximadamente 120 años de críticas. Obedecer te lleva a rendir tú voluntad, tus deseos para cumplir los de Dios. Muchos no han podido despegar en su ministerio porque no están dispuestos a obedecer. Pero Noé decidió hacer historia. Quieres dejar un legado, sigue los pasos de Noé.

1. Relación
2. Confianza
3. Obediencia

II. Job:

El libro de Job, cuenta la historia de un hombre de Dios, el hombre del momento. *"Hubo en tierra de Uz un varón llamado Job; y era este hombre perfecto y recto, temeroso de Dios y apartado del mal" Job 1:1.* Unas cualidades impresionantes y difíciles de encontrar. Era un hombre pudiente y todo lo que tenía provenía de Dios. En todo lo que he experimentado, me he dado cuenta que el enemigo detesta ver a un cristiano bendecido. El no le gusta verte triunfar. Tú triunfo le recuerda a él su derrota. La historia nos narra, como el enemigo se presento en el cielo para pedir permiso para probar a Job. Satanás, pone en tela de juicio la fidelidad de Job a Dios. Después de obtener el permiso comienza la tormenta en la vida de Job. Recibe tres noticias que cambiaron la vida de Job. La muerte de los pastores y las ovejas, la muerte de sus criados y sus camellos y la muerte de sus hijos. Eran noticias que llevarían a cualquiera a cuestionar a Dios. Con estas tres noticias cambio la vida de Job. En vez de cuestionar o quejarse, Job rasgo sus vestidos y postrándose en tierra adoro a Dios. Sus palabras fueron "Dios dio, Dios quito, sea el nombre de Dios bendito". No era la reacción que el enemigo esperaba. Satanás pide enfermar su cuerpo, entonces Job recibe una sarna maligna desde la planta del pie hasta la coronilla de la cabeza.

La vida de Job cambio en cuestión de segundos. La atmósfera en su vida se cargo. La atmósfera, es el ambiente, situación que rodea a una persona. Cuando las atmósferas son afectadas la naturaleza cambia su patrono. Los grandes huracanes, tormentas, cargan la atmosfera provocando un cambio en el clima. Probablemente usted querido lector estas pasando una tormenta, pero recuerda que esa tormenta cambiara el patrón de lo que te rodea. Job lo perdió todo. Aun su esposa lo manda a maldecir a Dios. Sus amigos lo atacaron. No comprendían lo que estaba pasando y lo juzgaron sin compasión. Mientras el enemigo esperaba la caída de Job, el se mantuvo fiel a Dios. Por medio de Job entendemos que una actitud negativa prolonga la tormenta. Recuerda que Dios tiene un propósito, un lugar y un tiempo para bendecirte. La persistencia de Job lo llevo a desarrollar resistencia. Cuando hacemos ejercicios, y utilizamos pesas que al principio reducen nuestras fuerzas, pero persistimos, con el tiempo desarrollamos resistencia. Las fuerzas de Job fueron reducidas, pero desarrollo resistencia. En medio de sus pérdidas temporales supo confiar en Dios. La persistencia de Job provoco un cambio en su atmosfera. Aquellos que lo injuriaban tuvieron que reconocer que Dios estaba con Job. La atmosfera cambio y hubo una fiesta de promoción y el despreciado fue el promocionado. La tormenta activa el propósito, te lleva al lugar y acelera el tiempo de tú promoción. Job dijo "Yo sé que mi redentor vive". En medio de todo lo que enfrento, él sabía que no estaba solo. Persiste que tú fiesta de promoción está a punto de empezar.

III. Daniel

El personaje del profeta Daniel es muy bien conocido, aun hasta en los niños. ¿Qué había en el Profeta Daniel que aun Dios recordaba su legado? Desde el punto en que el Profeta Daniel toco a Babilonia, se estableció una guerra intensa contra el diseño de la vida de Daniel. Como mencionamos en el capítulo 8 su nombre fue cambiado, con el único objetivo de borrar de su mente quien era Dios. La biblia dice en Jeremías 15:19 *"Conviértanse ellos a ti, y tú no te conviertas a ellos".* Daniel comprendió este principio y lo aplico. Daniel llego a Babilonia, como embajador del Reino de Dios. Daniel en su esclavitud siempre comprendió que Dios seguía teniendo el control. En su llegada a babilonia su fe fue desafiada. Confrontado con comidas que eran presentadas a dioses paganos. Todo embajador tiene que saber que su posición ante el Rey no puede cambiar por lo que pueda enfrentar. En otras palabras la cultura del reino en nuestras vidas no puede ser infectada por la cultura terrenal. Daniel se abstiene de comer las comidas del rey. No quería ser parte de nada que fuera ofrenda a un dios que no fuera el de él. La actitud de Daniel demuestra su carácter. Cualquier otra persona hubiera participado del banquete usando de excusa que era esclavo y tenía que cumplir. Daniel nos enseña que él que se separa para Dios es bendecido. El joven Daniel hace un trato con el jefe de los eunucos, por espacio de 10 días comería legumbres con agua. Al final de los 10 días Daniel y sus amigos eran más robustos e inteligente que los sabios del Rey. Podemos ver porque Dios se acordo de Daniel en un momento tan crítico en Israel. El pueblo se había contaminado ante la idolatría. Si el pueblo hubiera aplicado la actitud de Daniel no hubieran llegado tan bajo. Es lo mismo que está sucediendo en el mundo de hoy. Se sigue contaminado el mundo y Dios sigue llamando a hombres y a mujeres con la actitud de Daniel. Que propongan en sus corazones a no contaminarse. Eso lo llevo a ser promovido. Pero ahora los sátrapas que lo rodeaban, le tuvieron envidia. Es que la gracia y el favor de Dios nos hacen atractivos. El profeta Malaquías lo expresa así: *"Y todas las naciones os dirán bienaventurados; porque seréis tierra deseable, dice Jehová de los ejércitos" Malaquías 3:12.* Va haber gente que te vean y te admiren y se unirán a ti. Pero habrán otras que se llenaran de celos y envidia, y trataran de hundirte. Daniel pasó por eso. El enemigo trata de interrumpir la comunicación entre Dios y Daniel. Sentenciando a muerte todo el que orara a otro dios que no fuera el Rey. Que hizo Daniel llego a su cuarto abrió las ventanas que daban a Jerusalén y ORO. Me imagino la cara del diablo. Daniel, fue sentenciado a muerte en el foso de los leones. Pero recuerda donde el diablo dice fin Dios decreta comienzo. Aprendamos de Daniel, a serle fiel a Dios y no contaminarnos con cosas que puedan detener nuestra promoción. Daniel fue bendecido por Dios porque supo mantener un margen, no perdiendo nunca su identidad en Dios.

Capitulo 12

Este es tú tiempo

Es importante entender que Dios tiene el como, cuando y donde te va a bendecir. El tiene todo preparado, el escenario está listo solo faltas tú. A través de este libro has podido comprender que Dios tiene un plan en marcha. Promoción significa acción de promocionar a una persona, un producto, un servicio. En este caso una persona. Promocionar es dar publicidad en público. En otras palabras hasta hoy vivías en el anonimato, pero cuando Dios termine contigo saldrás de la oscuridad a la luz. Dios sera tú promotor. Todos los que en el proceso te querían hacer daño seran una pieza importante en la promoción. Fue lo que le paso a Mardoqueo. Aman su peor enemigo conspiraba para matarlo; pero Dios tenía el escenario de promoción listo. Usando al mismo enemigo para que promoviera. Mardoqueo, había denunciado una traición contra el Rey pero nunca recibió recompensa. ¿Le ha pasado a usted querido lector? Ha hecho algo y a quedado en el olvido. Pero Dios no se había olvidado. Es que Dios tenía todo preparado. *"Entró, pues, Amán, y el rey le dijo: ¿Qué se hará al hombre cuya honra desea el rey? Y dijo Amán en su corazón: ¿A quién deseará el rey honrar más que a mí? Y respondió Amán al rey: Para el varón cuya honra desea el rey, traigan el vestido real de que el rey se viste, y el caballo en que el rey cabalga, y la corona real que está puesta en su cabeza; y den el vestido y el caballo en mano de alguno de los príncipes más nobles del rey, y vistan a aquel varón cuya honra desea el rey, y llévenlo en el caballo por la plaza de la ciudad, y pregonen delante de él: Así se hará al varón cuya honra desea el rey. Entonces el rey dijo a Amán: Date prisa, toma el vestido y el caballo, como tú has dicho, y hazlo así con el judío Mardoqueo, que se sienta a la puerta real; no omitas nada de todo lo que has dicho."* Ester 6:6-10 Se puede imaginar la cara de Aman cuando el Rey le dio la orden y le dijo "Date prisa". Cuando Dios diga basta a tú enemigo y comience la fiesta, El acelerara tú promoción. Mardoqueo salió del anonimato y tú también serás honrado en el día de tú promoción.

Dios saca a David del anonimato llevandolo a la zona de combate contra Goliat. Había un pueblo atemorizado por los desafíos del gigante. Sus rodillas chocaban la una con la otra. No había una estrategia, por 40 días, por la mañana y por la tarde salía Goliat a amenazar y a desafiar. Entréguenme un hombre que pelee conmigo. Nadie estaba dispuesto a enfrentarlo, estaban intimidados. Está claro que nadie podía hacerlo porque Dios había preparado el escenario para promocionar a David. Muchos trataran de tomar tú lugar, eso es IMPOSIBLE mientras tú seas FIEL. David estaba a punto de salir del anonimato. Hoy podrás ser un cero a la izquierda, has sido olvidado por los que te rodean y los que se acuerdan de ti solo mencionan tus fracasos, pero Dios no se ha olvidado y el te va a sacar del anonimato. Te mueve del lodebar al palacio.

David llega al campamento en obediencia a su padre Isai. Pero Dios había puesto su plan en marcha. Había una cita para David con el gigante. Hasta que no te des cuenta que Dios ha permitido que tú gigante se levante para promocionarte, no entenderás el plan. El quiere públicamente exhibirte, "ESTE ES TÚ TIEMPO". David llega al combate saboreando su victoria, estaba tan seguro que le dijo al gigante:

> *"Tú vienes a mí con espada y lanza y jabalina; mas yo vengo a ti en el nombre de Jehová de los ejércitos, el Dios de los escuadrones de Israel, a quien tú has provocado. Jehová te entregará hoy en mi mano, y yo te venceré, y te cortaré la cabeza, y daré hoy los cuerpos de los filisteos a las aves del cielo y a las bestias de la tierra; y toda la tierra sabrá que hay Dios en Israel. Y sabrá toda esta congregación que Jehová no salva con espada y con lanza; porque de Jehová es la batalla, y él os entregará en nuestras manos"*
> 1 Samuel 17: 45-47

David comprendió que él no estaba ahí por mala suerte, como muchos tratan de justificarse. Ninguno de los proceso en la vida son por mala suerte. Somos posicionados por Dios frente a la adversidad, frente al gigante y frente al mar rojo para ser PROMOCIONADOS. Basta ya de darle crédito al diablo por los planes de Dios. Lo vemos en la historia de José, el se le revela a sus hermanos y les dice:

"Entonces dijo José a sus hermanos: Acercaos ahora a mí. Y ellos se acercaron. Y él dijo: Yo soy José vuestro hermano, el que vendisteis para Egipto. **Ahora, pues, no os entristezcáis, ni os pese de haberme vendido acá; porque para preservación de vida me envió Dios delante de vosotros.** *Pues ya ha habido dos años de hambre en medio de la tierra, y aún quedan cinco años en los cuales ni habrá arada ni siega. Y Dios me envió delante de vosotros, para preservaros posteridad sobre la tierra, y para daros vida por medio de gran liberación" Génesis 45:4-7*

José pudo perdonar y disfrutar de su promoción porque comprendió que no fue la mala suerte, que fue Dios quien lo había posicionado. Sabes solo quiero que entiendas que el camino a la promoción no es fácil de caminar por el. Mucho menos cuando pasamos el tiempo quejándonos en vez de abrir nuestros ojos y mirar lo que se aproxima. Si estas pasando por algo inesperado, no te quejes repite conmigo "Este es mi tiempo".

David estaba muy seguro, no tenía nada porque preocuparse porque Jehová era quien iba a pelear. Entiende querido lector que Dios no te llevara a ningún lugar que su gracia no te pueda sostener. El gigante contaba con una armadura natural, pero no sabía que la guerra era espiritual. Querido lector, Dios te dice hoy que llego tú hora de promoción. No te dejes limitar por ese gigante que te amenaza. Que se infiltra en tú casa y trata de quitarte lo que Dios te ha dado. David solo tenía 5 piedras y una honda. Pero tenía el corazón lleno de confianza en Dios. David vence a Goliat y Dios lo saca del anonimato. Promoción es, subir a un nuevo nivel. El gigante marco el comienzo de una nueva era. De un pastorcito de oveja a un guerrero invencible.

Llega el momento de hacerte un auto examen. Dentro de ese examen pregúntate ¿Dónde debiera estar hoy? Cuantas veces has tenido la oportunidad de lanzar la piedra al gigante y te has aguantado. En vez de comprender que Dios no te ha llevado a la zona de combate para dejarte morir, te atemorizaste, te acobardaste y has retrasado tú promoción. Ya debieras estar haciendo tantas cosas en Dios y todavía estas en el mismo lugar que comenzaste. ¿Qué decides, te animas o te animas? El profeta Isaías comprendió este concepto y fue inspirado por Dios a escribir:

"Yo soy Jehová, y ninguno más hay; no hay Dios fuera de mí. Yo te ceñiré, aunque tú no me conociste, para que se sepa desde el nacimiento del sol, y hasta donde se pone, que no hay más que yo; yo Jehová, y ninguno más que yo, que formo la luz y **creo las tinieblas,** *que hago la paz y* **creo la adversidad.** *Yo Jehová soy el que hago todo esto." Isaías 45:5-7*

Dios tiene un plan y crea la luz y las tinieblas, crea la paz y la adversidad. Entiende que en el Camino a la Promoción no es el diablo operando es Dios posicionándote para promocionarte, para bendecirte y entregarte con creces lo que le permitiste al diablo quitarte. Forma parte de una generación que tenemos deseos de alcanzar nuestras metas que no nos restringimos por los errores y las malas decisiones; decídete a esforzarte y luchar por lo que ya te pertenece. En estas últimas semanas mientras escribía este capítulo, mi esposa la Pastora Zamaris, estaba pasando por una serie de enfermedades y tenía una piedra en los riñones que le causo infección y líquido en los pulmones, esa situación la llevo a ser entubada fue algo inesperado. Tanto que los médicos no la aseguraban. Los médicos tuvieron que provocar una coma temporaria para que pudiera resistir la incomodidad de los tubos del oxigeno. En una de las ocasiones que despertó me dijo en una voz entrecortada; el águila tiene dos formas de actuar en la tormenta. Una es elevarse con sus fuerzas y volar por encima de la tormenta. La otra cuando no tiene las fuerzas de elevarse es abrir sus alas y dejar que los fuertes vientos lo lleven al destino. Me miro y me dijo, no tengo muchas fuerzas solo extiendo mis alas y dejo que la tormenta me lleve al destino. Eso me impacto, al verla en esa condición y aun así estar segura que Dios estaba controlando los vientos y que la estaba posicionando para algo mayor. Esa es la clave. Job lo comprendió despues de haberlo perdido todo y dijo:

"Yo conozco que todo lo puedes, Y que no hay pensamiento que se esconda de ti. ¿Quién es el que oscurece el consejo sin entendimiento? Por tanto, yo hablaba lo que no entendía; Cosas demasiado maravillosas para mí, que yo no comprendía. Oye, te ruego, y hablaré; Te preguntaré, y tú me enseñarás. De oídas te había oído; Mas ahora mis ojos te ven. Por tanto me aborrezco, Y me arrepiento en polvo y ceniza" Job 42:2-6

Llego la hora de no solo escuchar de Dios si no de verlo con tus ojos. Este es tú tiempo, comienza a caminar por el camino a la promoción.

Quiero terminar con una oración. Si este libro a logrado despertar en ti el guerrero que a estado durmiendo por tanto tiempo, si te has animado a enfrentar ese gigante que te a estorbado por tanto tiempo. Si fuiste cautivado por un líder sin visión que te cortó las alas para que volaras. Si has podido entender que este es tú tiempo y que Dios te esta posicionando. Es como el pelotero que espera la bola, puede ser el mejor pero si no está en la posición correcta no podrá atraparla. Este es tú tiempo de dejar que Dios te posicione. Repite conmigo esta oración:

Señor Jesús, reconozco que he perdido mucho tiempo. Que dejado dormir al guerrero que hay dentro de mí. Que mis confusiones y mis dudas no me han permitido comprender que todo este proceso han sido tus intentos de posicionarme. Me despojo de las cargas que me han venido oprimiendo. Renuevo mi mente y establezco tú voluntad en vez de la mía. Hoy te pido perdón por no comprender que has querido posicionarme para promocionarme y hoy reconozco que "Este es mi tiempo". Me levanto determinado a triunfar y en tú nombre Jesús, le digo al gigante que me ha venido intimidando y atrasando mi promoción hasta hoy llegaste. No saldrás con vida de mi territorio. Jehová te entregara hoy en mis manos. Señor perdona mi incredulidad hoy renuevo mi compromiso y entro al Camino de la Promoción. Amen

Te felicito, manos a la obra. *"Levántate, resplandece; porque ha venido tú luz, y la gloria de Jehová ha nacido sobre ti" Isaías 60:1*

Biografía

El Rev. Edwin Benítez, nació el 7 de Septiembre, en el año 1982, en la ciudad de filadelfia, Pennsylvania. Desde temprana edad entrego su corazón a Cristo; durante su adolescencia recibió el llamado al pastorado.

En el 1999, termina su tercer año teológico, en el Instituto Bíblico Maranatha. En el año 2002, comienza en la ciudad de filadelfia, en el en la Iglesia Ministerio Maranatha Pentecostal, Inc., su ministerio como co-pastor.

Sus padres el Apóstol Jacinto Benítez y la Reverenda María Benítez, se encargaron de instruirlo en los caminos del Señor. Después de dos años de noviazgo, contrajo matrimonio con la joven Zamaris Rivera Elías, la cual a sido una verdadera inspiración y ayuda idónea para su vida y su ministerio.

En el año 2005, llego a ser el director del Instituto Bíblico Maranatha. El Rev. Edwin y su amada esposa salieron en el año 2006, a pastorear la Iglesia Ministerio Maranatha Pent., en la ciudad de Scranton, Pennsylvania. Dejando todo atrás y obedeciendo el llamado de Dios, comenzaron a trabajar arduamente, echando manos a la obra.

En el año, 2010 obtuvo un grado Asociado en "Christian Ministries" en la Universidad Cristiana de Ohio. Actualmente durante espacio de siete años, sigue pastoreando en la Iglesia de Scranton, junto a su esposa donde Dios los a posicionado, los a promocionado y les a dado la victoria. El Rev. Benítez, le da la ¡Gloria a Dios!, por darle el privilegio de publicar su primer libro titulado, "Camino a la Promoción".

Si este libro, ha sido de bendición a su vida o quiere contactarse con nuestro ministerio escribanos a nuestra dirección postal:

1110 Prospect Avenue
Scranton, Pa 18505

También puede escribirnos a nuestro correo electrónico pastoredwin@live.com